Copyright © Adília Belotti, 2023

Todos os direitos reservados à Editora Jandaíra e protegidos pela Lei 9.610, de 19.2.1998. É proibida a reprodução total ou parcial sem a expressa anuência da editora.

Este livro foi revisado segundo o Novo Acordo Ortográfico da Língua Portuguesa.

DIREÇÃO EDITORIAL: Lizandra Magon de Almeida
PRODUÇÃO EDITORIAL: Colmeia Edições
REVISÃO: Elis Marchioni
PROJETO GRÁFICO E DIAGRAMAÇÃO: doroteia design | Adriana Campos, b. benedicto e Haru Garcia Iwamoto
ILUSTRAÇÃO DE CAPA: Mariana Coan

Dados Internacionais de Catalogação na Publicação (CIP)
(Câmara Brasileira do Livro, SP, Brasil)

Belotti, Adília
 As velhas / Adília Belotti. -- São Paulo, SP : Editora Jandaíra, 2023.

 ISBN 978-65-5094-041-6

 1. Experiências de vida 2. Mulheres - Histórias de vida - Literatura brasileira 3. Velhice - Aspectos sociais I. Título.

23-154489   CDD-B869.8

Índices para catálogo sistemático:
1. Mulheres : Histórias de vida : Literatura brasileira B869.8
Tábata Alves da Silva - Bibliotecária - CRB-8/9253

jandaíra

Rua Vergueiro, 2087 · cj. 306 · 04101 000 · São Paulo · SP
editorajandaira.com.br
 | editorajandaira

ADÍLIA BELOTTI

as **velhas**

jandaíra

Para Áurea, Augusto, Célia, Lourdes, Paulo, Soreh, Sylvia e Valeria, os primeiros a ouvirem essas vozes.

Para Celina, Maria, João, Pedro e os amores que eles vêm trazendo.

Jô **9**
Cida **21**
Maria **31**
Eugênia **43**
Lygia **53**
Inês **61**
Luzia **71**
Margarida **79**
Ruth **85**
Laura **95**
Marilena **105**
Tereza **115**
Limiares **125**

jô
fica com Deus

A conversa parou. Ela viu a farmácia pintada de vermelho e enfeitada com a bandeira do Brasil ir chegando mais e mais perto da janela. Aquele era seu ponto. Ajeitou o casaco azul-turquesa de capuz, pegou a bolsa, a sacola, levantou-se. Pediu licença à moça que estava no banco do lado do corredor. Um sorriso no rosto redondo.

Ana não conseguia se concentrar no livro. O barulho da porta batendo, Mauro saindo. Como voltar para casa hoje? Levantou os olhos, a velha risonha, baixinha e gorducha, pedia licença. Apesar do cansaço, da tristeza, teve vontade de rir. O que era aquele casaco azul-turquesa? Escandaloso de chique. Essa velhinha com esse casaco turquesa não devia estar num ônibus, merecia uma estação de esqui na Suíça. Sorriu de volta, puxou as pernas para o lado e deu passagem, a velha sorriu de novo: Obrigada, fica com Deus e com Nossa Senhora! Seja bem feliz!

    Esticou-se para apertar o botão. A porta ia abrir. Esperou. Na calçada, ficou contente, a chuva tinha passado. Antes de sair da casa da patroa, pediu a eles que fizessem a chuva parar e eles sempre atendiam. Esperou uma pausa da conversa. Não percebeu quando o moço chegou perto.

    Chico estava esperando o ônibus quando viu descer a velha de óculos na ponta do nariz, um pouco tortos, vestindo um casaco azul-turquesa de capuz. Ela balançou, como se fosse perder o equilíbrio. Depois firmou-se. Teve pena. Chico era jovem, mas não fazia nada correndo. Até suas aulas eram sem pressa. Antes de começarmos, respirem lentamente, todos vocês. Três vezes. Agora, sim, hoje vamos falar sobre a prova ontológica da existência de Deus proposta pelo filósofo francês René Descartes. Gostava dos seus alunos. Não de todos, mas de muitos. Olhou para ver se era seu ônibus que vinha vindo. Não era. Então aproximou--se da velha com o casaco turquesa: Posso ajudar? Ela sorriu. Segurou no seu braço de leve.

    Vou pegar o ônibus para Diadema, mas estava conversando aqui e distraí. É aquele, Chico apontou. São Bernardo, Terminal Metropolitano, via Diadema. Ela sorriu. Não é toda letra que eu sei ler, não. Mas os números, esses eu leio, eu pego o 280, para Diadema. Ah, sim, é aquele mesmo, falou Chico, segundos depois de ter se refeito da surpresa. Não se lembrava de um dia ter encontrado alguém analfabeto, ou quase. Obrigada, a velhinha falou olhando para cima, os olhos cravados nos de Chico, vai com Deus e com Nossa Senhora. Seja bem feliz!

    Subiu no ônibus, o 280. Ficou de pé agradecendo com um sorriso, mas recusando todas as tentativas que outros passageiros faziam de lhe ceder um assento. Queria um lugar na janela. E afinal conseguiu. A viagem era longa. Ela gostava de ficar vendo a movimentação das coisas, às vezes depressa, às vezes devagar. Tudo corria lá pra trás. Mas ela não olhava pra trás. Quando eles ficavam quietos, ela sentia o corpo dormir. Uma dormição boa. Não dói nada, doutor. É só esse meu povo todo na cabeça.

    Dr. Raul era um médico muito bom. A patroa tinha escrito uma carta. Ele lia. A senhora trabalha para dona Aparecida? Sim, uma santa, a dona Cida. Dona Aparecida está preocupada porque a senhora anda dizendo que ela faz milagres, falando com ela na TV... Dona Cida é uma santa, sim, e aparece na TV, tão linda, toda de azul ali na tela. Tudo que eu tenho agradeço a ela. Terça que vem eu vou lá. Ela não tem quem ajude. Só eu.

Muito importante. Dona Cida me dá sempre todo pão que sobra e eu faço pudim para a criançada do bairro. Meu pudim é muito gostoso. Dona Cida não come porque vive de regime. Vou fazer um pudim e trazer para o senhor, doutor. Obrigado. A senhora é aposentada por invalidez. Já pensou em parar de trabalhar? Ela riu. Não, não, doutor, não vou parar de trabalhar nunca, não. Nem de tocar sanfona. Nem de fazer bolo pra criançada. Vou ficar muito bem, pode sossegar, eles todos estão me falando isso mesmo, agorinha.

Além de um bom médico, dr. Raul era um bom homem. Teve pena. Doméstica, 70 anos, funcionalmente analfabeta, e agora esse diagnóstico. Olhou para ela. Aqueles olhos confiavam, não parecia desamparada.

Desamparado talvez fosse ele. O pensamento veio contra todas as suas expectativas. Que diabo, sou um médico! Sacudiu a cabeça. Era o cansaço. Vinha vindo assim há algum tempo já. Talvez hoje devesse ir para casa mais cedo... OK, vou lhe dar remédios, e não vou mandar a senhora ficar em casa. Mas precisa tomar direitinho, promete? Prometo, sim, senhor. Volte daqui a um mês. Tchau, dr. Raul, fica com Deus e com Nossa Senhora! Seja bem feliz!

Netinho estava jogando bola no terreno baldio do lado do bar do Jeco, na Passagem Bartolomeu Dias. Toda tarde eles armavam um jogo, a tia deixava, não que se importasse, Netinho ia. Era dos mais novos, mas ficava de goleiro. Diziam que pegava bem por causa das mãos, grandes como as orelhas. Não ligava. A professora Júlia elogiava, dizia que ele era bom aluno, que tinha o foco de um cirurgião, explicou que cirurgião era um médico que abria as pessoas pra curar doenças lá de dentro do corpo, doenças que ninguém vê. E que ter foco era conseguir ficar pensando muito tempo só numa coisa. Ele estava treinando esse pensamento comprido numa coisa só pra um dia ser um cirurgião, porque a professora Júlia era a pessoa mais bonita que ele conhecia e devia saber...

Às terças, lá pelas seis, dona Jô aparecia na esquina da passagem com a avenida. Vinha devagar, arrastando um pouco os pés. Dia de chuva ou de frio, sempre usava o casaco azul--turquesa com capuz. Dava pra ver de longe uma coisa, assim, tão azul. Mal apontava lá no final da rua, Netinho e os outros saíam correndo. Dona Jô ria quando eles faziam uma roda em volta dela. Tirava da sacola um saco de balas de caramelo, daquelas duras, que podiam até quebrar o dente se você mordesse com força. Comprava ali, na Doceria dos Meninos e das Meninas, logo à esquerda, virando na avenida, na frente da parada do 280. Um pacotão. Dava pra todos.

Naquele dia, Netinho esperava no gol, como sempre, arriscando um olhar para a esquina, toda vez que seu time ganhava o contra-ataque.

A única coisa que dona Cida não conseguiu dar a ela foi um namorado. Pediu uma vez, não aguentou ficar quieta com aquela aflição no coração. E, justo naquele dia, dona Cida estava vestida com sua roupa toda azul de Nossa Senhora. Tomou coragem.

Dona Cida, fala com seus anjos, eu queria tanto um namorado. Um homem bom, pra casar. A patroa olhou pra ela com aqueles olhos azuis de santa.

Mas casar no papel, ela insistiu, porque o que está escrito no papel é sacramentado. O olho azul ficou cheio d'água. Ela teve pena, não gostava de ver Nossa Senhora chorando. Vai ver namorado é coisa muito difícil, mesmo para uma santa. Na terça que vem ia pedir outra coisa, mais fácil. Queria que dona Cida conversasse com seus anjos e conseguisse que ela gravasse um disco tocando sanfona. Ela riu lá dentro da cabeça pra ninguém ver. Aquele era um sonho seu desde menina. Aprendeu a tocar sanfona com o pai.

Pai, bem que podia ter me ensinado a ler e escrever. É, o senhor também não sabia, como ia ensinar? Mas, sanfona, não tinha festa na vila que o senhor não fosse chamado para tocar. Eu sempre por perto. Aprendi vendo o pai. Ficava ali do lado de Altamira, a vila. O nome já não lembro. Não, pai, a mãe já tinha morrido nessa época, morreu no quarto parto, do Edinei. Só muito depois é que veio morar na minha cabeça.

Eu gostava de cuidar da casa, dos irmãos, de ajudar o pai na roça. E gosto de ficar lembrando. Não estranhei quando os vizinhos vieram avisar do seu desaparecimento. Eu sabia que o pai estava só encantado. E lá do seu encantamento, encaminhou nós todos pro trabalho. Até o Gilson antes de morrer. Gilson, você está melhorzinho? Ontem parecia tão aquietado. O senhor foi mesmo um pai muito excelente! Edinei embarcou primeiro para São Paulo, já homem. Está bem, na lida. Falamos ontem pelo telefone. Tem a filha, a Raquel, uma preocupação. Mas eu rezo muito por essa menina, todos os dias, mãe. Depois o Edinei mandou me buscar, eu mais a Gildete. Não reclamo de morar junto com a Gildete, mãe, mas a Gildete é raivosa. Nem a senhora consegue colocar uma calma dentro dela. É uma destemperação.

Não, Gilson, o incêndio não foi culpa dela nada. Nem braveza, não senhor. Foi chamamento. Sabe-se lá de quem. É, até que foi bonito o fogaréu acendendo o céu! Parecia as festas de São João lá de Altamira!

Ainda bem que dona Cida deu o dinheiro para pôr a casa de novo em pé. Se um dia, depois de gravar o disco, ficasse famosa e aparecesse na TV, ia contar pra todo mundo dos milagres de dona Cida.

No meio da conversa ela percebeu que era seu ponto, a loja de doces bem ali pertinho da janela. Ajeitou o casaco azul-turquesa de capuz, pegou a bolsa, a sacola. Levantou-se. O banco do lado estava vazio. Esticou-se para apertar o botão. Esperou o tranco, a porta abrir. Parou na calçada. Ouviu ao longe a gritaria da criançada jogando bola. Deu dois passos em direção à Doceria dos Meninos e das Meninas. A conversa parou, mas não a tempo. Ela não viu chegar o caminhão de entrega da Embaré Doces. Joaquim estava começando na firma, ainda nem se acostumara direito com o serviço. O caminhão inteiro cheirava a bala de caramelo. Cheiro de infância. Toda hora lembrava da mãe, a bala escondida em uma das mãos, quer uma surpresa, Joaquim? Quero. Então adivinha em que mão está. O sinal abriu, ele acelerou, sentiu o baque. Viu a mancha amarronzada no vidro, o casaco azul-turquesa bater no capô, ser lançado para cima, depois cair adiante, no meio da rua. Bolsa de um lado, sacola de outro.

―――

    Dona Cida olhava na janela o sol se pôr. Gostava dessa hora em que o céu pegava fogo, como se entrasse em combustão de propósito, pura teimosia antes de a noite chegar. Sorriu com a imagem, mas já havia escurecido dentro dela. Nos últimos tempos, a janela era uma companhia. A vista do parque vazio naquela hora, o rio feito espelho, a Marginal, os carros em filas, os ônibus entrando e saindo do terminal lá longe, as pessoas indo embora para casa. Não podia mais deixar Josenice vir trabalhar. Perigoso vir de tão longe, tomar duas conduções. Há quanto tempo já estavam juntas?

Quarenta? Cinquenta anos? Na próxima terça ia tomar coragem e dizer para ela não vir. Mas eu estou muito bem, dona Cida, os remédios do dr. Raul estou tomando direitinho. E eles cuidam, os anjos da senhora e todo o meu povo. Olha, eu até escrevi num papel a oração que a senhora me ensinou e levo sempre na bolsa. Pegou sua mão e nela depositou com reverência um papelzinho cor-de-rosa muito bem dobrado. Um risco feito a lápis na frente, outro no verso. Que oração é essa que eu te ensinei, Josenice? São suas palavras, muito boas, muito poderosas, palavras de muito cuidado. O soluço veio feito uma ânsia antiga. Tentou esconder, disfarçou, tirou os óculos, limpou com a barra da camiseta. Josenice pegou o papelzinho cor-de-rosa de volta, colocou devagar dentro da carteira, junto com o bilhete único. Não chora, dona Cida, não gosto quando vejo a senhora chorar! Estou bem, Jô, vá, já é tarde, não quero você indo para casa depois de escurecer. Até terça, dona Cida, fica com Deus, com todos os seus anjos e seja bem feliz!

Netinho ouviu o barulho, as buzinas. O jogo parou, a criançada correu. Por entre a multidão de pernas e de rodas, viu o casaco azul-turquesa, a poça escura se formando no chão.

— É triste!

— Você pediu para eu contar uma história com muitos personagens. Alguns personagens morrem, como todo mundo, aliás.

— Não, essa não devia morrer. Era boa.

— Assumindo que a morte seja ruim, coisas ruins acontecem com boas pessoas.

— Foi impiedoso da sua parte.

— Personagens não precisam da nossa piedade.

— Conta outra história? De uma velha de olhos muito azuis e da prova ontológica da existência de Deus, de Descartes.

19

cida
olhos
azuis

Cida detestava seu nome, Aparecida. Nem do apelido gostava. Era uma mulher discreta. A etimologia era algo que a perturbava desde que aprendera a amar as palavras. Aparecida, aparecer, surgir, tornar-se visível. Não combinava com o que ela percebia de si, nem com aquilo que tinha decidido que os outros veriam de si. Irritante, no mínimo.

Uma mulher tecida em delicadezas, que, por uma dessas razões inexplicáveis, via o mundo através de um par de olhos escancaradamente... azuis. Cor de violeta, para sermos mais exatos.

Assim como o nome, tampouco os olhos faziam sentido.

Deveria ter olhos castanhos como sua mãe e seu pai e seus avós de ambos os lados, cogitava essa Cida, olhando pela janela. Cismada, tinha aprendido que, no início, todos os humanos tinham olhos castanhos. E então, há 7 mil anos, houve essa mutação genética: um bebê, como todos os bebês, que um dia olhou para sua mãe aterrorizada com impossíveis olhos azuis.

Poderia ser coisa do Diabo, não fosse pelo fato de que aquela mãe, na véspera, havia sonhado com algo, assim, extraordinário. E comentado, ao acordar, com o marido, ou com a vizinha, de um jeito casual, descuidado de milagres, um jeito de quem está aquecendo água para um café ou estendendo a roupa no varal. Em seguida vieram as dores do parto e, por falta de palavras, ela diria mais tarde que apenas soube. E aquele bebê confirmaria o que todos na aldeia já suspeitavam de tanto olhar o céu estrelado ou o nascer do sol: Deus certamente existe porque ele faz nascerem os bebês sonhados por suas mães com inimagináveis olhos azuis.

Por causa desse estranho bebê ancestral, dizem que todas as pessoas com olhos azuis são parentes. Essa ideia também perturbava Cida. Imaginava uma ciranda de criaturas de olhos azuis, todas relacionadas, embora completamente desconhecidas umas das outras. Cada uma exilada de seus olhos castanhos e condenada a olhar

para o mundo com aqueles olhos impossíveis,
inconcebíveis. Só porque Deus existe. E porque
quis que sonhássemos com eles.

    Levou à boca sua caneca favorita de cerâmica
com a frase "existirmos, a que será que se destina"
caligrafada à volta. Percebeu que o café havia
terminado. Sobrara apenas um fundinho, já há
tempos gelado. Suspirou.

    Acordou de volta para a janela. Sentiu-se
grata por ter uma vista tão ampla da cidade. E o
rio lá embaixo, e os prédios com suas fachadas
espelhadas, e mesmo os carros, do tamanho de
brinquedos, em filas, as pessoas fluindo, sim, gostava
da vista do apartamento, herança da mãe. Tinha 60
anos, ficara órfã com 59. Velhos não ficam órfãos,
brincou. A gente fica órfã com qualquer idade,
dissera uma amiga, mais velha ainda. São tempos
longevos. Em algum momento, pensou se caberia
um suicídio. Mas sabia que nunca faria isso. Não
por excesso ou falta de razões, mas por medo. Tinha
esse medo de sustos. O pai adorava esconder-se
nos cantos e pular na sua frente, imenso. E rir
depois. Adorava assustá--la, pregar peças, ela ria
também, mas já era o medo. Quando ele morreu,
custou a acreditar que aquele corpo gigante não ia
se levantar e rir para seus olhos azuis cheios de água
e terror. Filha única, nunca havia se casado. Bons
amigos. Muitos amigos. Era gentil, educada, gostava
das pessoas. Gostava de imaginar fios invisíveis
envolvendo seu corpo no corpo dos outros.

Suspirou novamente.

Lavou a caneca. Colocou no escorredor. Aproveitou e também lavou os óculos. Passou no banheiro, retocou a maquiagem. Pegou a bolsa, o celular. Chamou o Uber.

Bom dia, na portaria. Bom dia, dona Cida. Confirmou a placa do carro. Abriu a porta, sentou-se e ecoou em si mesma. Uma música interna animava a maquiagem discreta, os cabelos bem cortados, a calça, a camisa, tudo impecável.

A senhora me desculpe, começou o motorista. Mas é impossível não elogiar seus olhos azuis. Ela acolheu o comentário e sorriu. Gostava de conversar com motoristas, porteiros, atendentes. Eles lhe faziam companhia na cidade.

E foi no meio de uma conversa animada sobre como era perigoso viver numa cidade como São Paulo que ela chegou ao prédio da editora. Sorriu, colocou os óculos, recolheu bolsa e celular. Obrigada! Saltou. Entrou no prédio remoendo o tanto que achava aquele pé-direito excessivo. Bom dia! Bom dia, dona Cida! Dezenas de bons--dias depois, conseguiu acomodar seu corpo na mesa que lhe servia há décadas.

Reunião de pauta em 30 minutos, avisou o celular. E, em seguida, tocou. Ligação desconhecida. Quase não atendeu. Alô, sim, é ela. Mas quando? Entendo. Pode repetir o nome do cemitério? Certo, Cemitério Municipal de Diadema.

O fio cortado de um balão. Só.

Obrigou-se a levantar. Caminhou até a máquina de café. Serviu-se de um expresso. Ninguém à sua volta. Não viu. Voltou sem ver para a mesa. O assento da cadeira recebeu seu peso como um chão.

Levou um tempo para reconhecer a sensação. O desamparo escorrendo pelos braços, pelas pernas. Os olhos azuis vazios. Órfã. E só.

Quantos anos já? Cinquenta, certeza, fazia cinquenta anos que Josenice chegara em sua vida. Tanto tempo. A Jô era valente. Não tinha medo de nada. Vivia como se tivesse um certificado de garantia de que nada de mal ia acontecer.

Tinha a família, tinha amigos, tinha desconhecidos que vinham explorá-la ou só ouvi--la tocar sanfona, tinha os tais encantados dentro da cabeça. Jô. Sentia tanto dela na própria pele. Cuidara da sua mãe, melhor e mais afetuosamente do que ela mesma. Até começarem os sintomas. Lembrou do arrepio que sentiu quando Jô a viu na TV pela primeira vez. A senhora estava lá, dona Cida, lá dentro, eu vi. Uma santa! Imediatamente ligou para um psiquiatra amigo. O diagnóstico era claro. Jô foi encaminhada para o Hospital de Diadema. Dr. Raul. Mandou uma carta e o parecer do psiquiatra explicando. Mas eu estou muito bem, dona Cida, os remédios do dr. Raul estou tomando direitinho. E eles cuidam, os anjos da senhora e todo o meu povo.

Puxou um suspiro. Ia enviar umas flores para a família. Iria ao enterro. Tirou os óculos, enxugou os olhos. A reunião de pauta vai começar daqui a pouco. OK, Ana. Obrigada. Já vou! Posso falar com você antes? Claro!

Ela olhou para Ana. Boa jornalista, 45, quase 50 anos, talvez. Uma mulher energética, bonita, de rosto sempre tenso. Andava cheia de problemas em casa, pelo que sabia. Mas hoje seus olhos contavam uma história. E ela prestou atenção. Tive uma ideia de pauta, começou Ana, envergonhada. Queria falar sobre encontros. Não amorosos, necessariamente. Aproximações fortuitas que fazem com que pessoas entrem em contato com dimensões surpreendentes umas das outras. Queria explorar essa ideia e reunir histórias de encontros extraordinários. Acha que posso apresentar essa pauta na reunião?

Ana olhava dentro dos olhos azuis. Cida era a dona da revista. A pessoa mais doce que conhecia. Nunca se alterava. Mas os jovens repórteres costumavam temer suas sobrancelhas. As sobrancelhas da Cida falam, eles diziam, e dão broncas!

A mão de Cida percorreu toda a extensão da mesa de trabalho e pousou feito pássaro cansado na mão de Ana. É uma pauta difícil, mas gosto da ideia dos encontros...

OK, experimente, cedeu, repercutindo já o entusiasmo de Ana. Pode propor. Obrigada, Cida. E... Ana? Tem uma luz nos seus olhos. Sorriu, cúmplice, sem saber exatamente a razão. Vou precisar sair no meio da reunião, você assume? Claro, estou me sentindo bem hoje, sei lá, viva! Obrigada de novo, Cida.

No meio da reunião de pauta, Cida, fez um sinal para Ana, pediu desculpas e saiu da sala. Precisava correr se quisesse chegar a Diadema a tempo para o enterro. Olhou no espelho, arrumou o cabelo, retocou a maquiagem. Pegou a bolsa. Chamou o Uber. A viagem foi longa e ela não estava com vontade de conversar.

Eugênia olhou pelo retrovisor. Que olhos azuis mais incríveis! Curioso, Eugênia só trabalhava à noite no Uber. Hoje era uma exceção que abria para poder comemorar o noivado da filha mais tarde. Essa mulher no retrovisor não se parecia com nenhum passageiro da noite. Tudo nela era claro e distinto, como os olhos.

Cida olhou para a motorista, uma mulher velha, calça jeans, camiseta branca, brincos de argola nas orelhas, braços fortes, mãos de camponesa. Algumas pessoas parecem viver prontas para começar o mundo de novo, refletiu. A motorista sorriu no espelho. Ela sorriu de volta. O carro cheirava a lavanda. Cida agradeceu à outra pelo silêncio. E sobressaltou-se quando ouviu: chegamos, a senhora quer que eu entre com o carro? Sim, por favor. Não conheço nada por aqui. Quer que eu espere?

Que boa ideia, claro, pode esperar!

Caminhou até a sala simples onde estava sendo realizado o velório. Não conhecia ninguém. Talvez não devesse ter vindo. Tantos anos e não sabia nada da Jô. Ela começava a existir quando entrava no apartamento. Bom dia, dona Cida! Aproximou-se do caixão, tão pequena, o rosto feito vela. Nada ali.

Lá do fundo da sala, a mulher levantou os olhos castanhos, olhou para ela e começou a caminhar na sua direção, enorme. Não estava de preto, nem usava nada que fosse discreto, ao contrário, uma túnica estampada contornava as formas generosas. Andava como uma palmeira, ouvindo o vento. Ou um acorde de jazz. O arrepio percorreu sua nuca, morrendo no alto da cabeça. Sentia o ar ir abrindo espaço para a chegada da mulher. E ela chegou. Colorida. Sou Maria, dona da Doceria dos Meninos e das Meninas, você deve ser dona Cida. Sim, sou eu. A Jô falava muito de você. Nos últimos tempos, contava dos seus milagres. Eu me preocupava com a Jô por isso. Deve ter sido muito difícil para você. O quê? Isso de ela acreditar que você era santa. Eu não sou. Eu sei. Mas era para a Jô. Os olhos azuis se encheram d'água. Não existem fios soltos. A teia se constrói todo tempo. Ninguém está do lado de fora. Maria riu, como se o que tinha acabado de dizer fosse imensamente engraçado. Cida sentiu-se entrar naquele riso. O braço colorido levantou-se, a palma da mão empurrando o ar na direção do seu rosto.

Adivinhando o toque, os olhos azuis fecharam-se, o riso ficou preso lá dentro.

Agora vá, Josenice já não está aqui há muitas horas. Você sabe? Eu vi. Eu queria... Eu sei. Mas é hora de voltar para casa.

Cida virou-se. Não se deu conta do caminho até chegar no carro. Abriu a porta. A mulher do fim do mundo sorriu. Vamos voltar? Vamos.

Chegou em casa faminta. Preparou um sanduíche. Abriu uma garrafa de vinho. Serviu-se. Foi até a janela. O rio escuro lá embaixo, e os prédios com suas fachadas cegas, os carros, como pontos de luz, voltando para casa, em filas, as pessoas fluindo no contrafluxo do dia.

Sentou-se, abriu o laptop. Buscou um arquivo em branco no Word. Digitou como título: *A Doceria dos Meninos e das Meninas*.

Na outra linha: *Seu nome era Maria e ela nascera com imensos olhos castanhos. Olhos de ver.*

Página 1, capítulo 1.

— **Nós vamos estar na tela?**
— **Sempre estamos.**

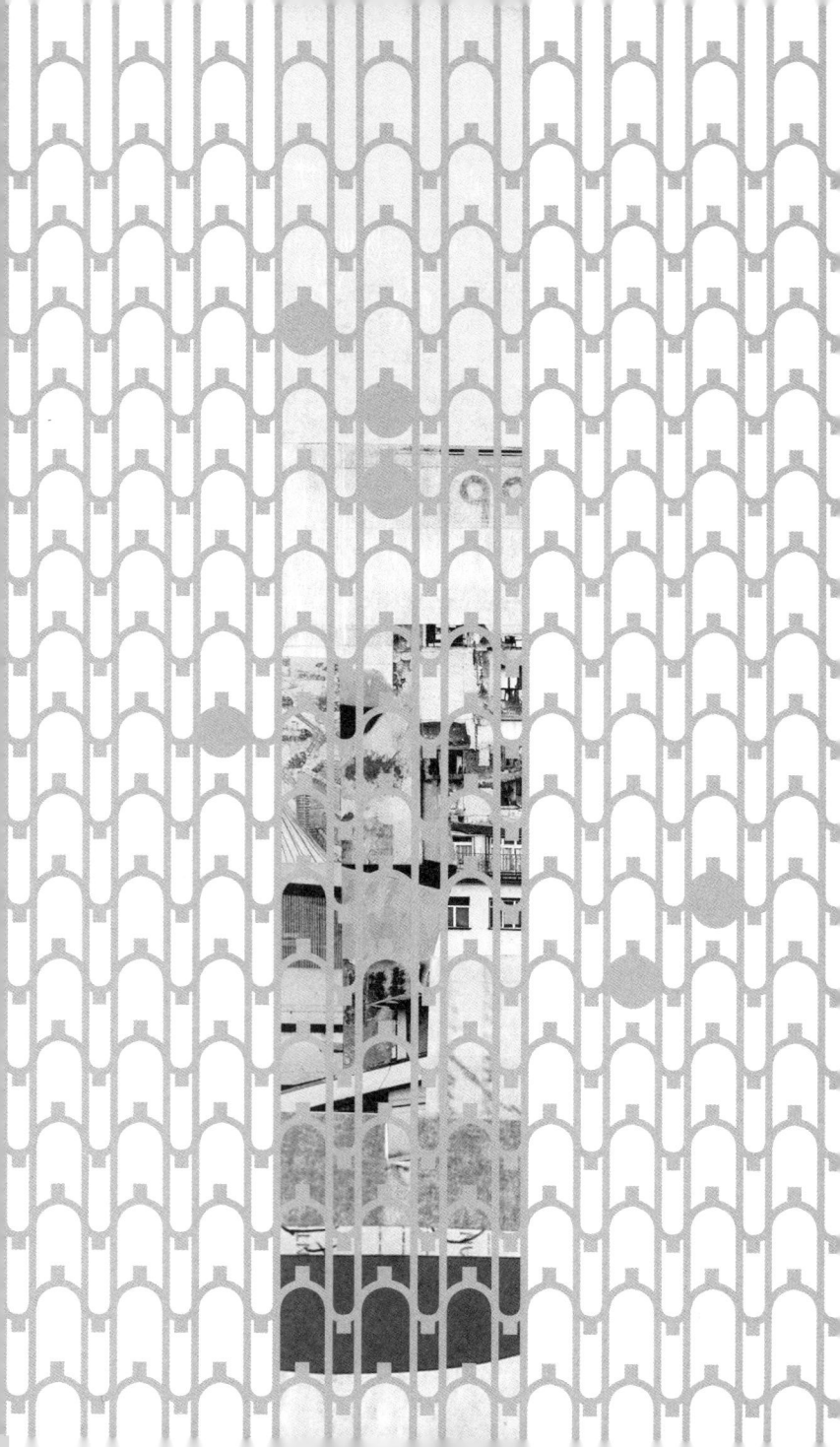

maria
a doceria
dos meninos
e das meninas

Olhos de ver. A mãe contava que, quando Maria era pequena, não gostava de dormir. Ficava no berço sem chorar. Olhando para o teto. Dorme menina, dorme! Nada. Quando cresceu e já sabia falar, dizia: Não gosto de olhar pra dentro, mãe, gosto de olhar pra fora. A mãe, apressada das coisas da casa e ainda tendo que ajudar o marido na loja, desistia. E Maria ficava na cama, olhando para fora.

— **Nunca saiu de Diadema.**

— Nunca?

— As histórias dizem "nunca", mas esquecem depois.

Maria cresceu ali, na melhor casa da rua, a única que tinha jardim, quintal e árvore na calçada. Uma extremosa que dava florezinhas miúdas cor-de-rosa todo verão. O pai português tinha plantado anos antes de Maria nascer, dizia que eram suspiros.

Ia a pé para a escola. A mãe a levava à missa todo domingo. Na Matriz. O pai não ia. Não gostava de padres, mas não contrariava. Maria gostava. Não da missa, não da fala do padre, que ela nem ouvia, porque ficava assistindo à imagem de Nossa Senhora da Conceição: o manto azul flutuando à volta dela, a auréola de estrelas, os raios de sol de onde ela nascia, a meia-lua sobre a qual apenas pousava. Maria olhava e achava que não podia existir nada de mais bonito no mundo todo. Eram os pés, no entanto, que a deixavam extasiada. Na mulher, tudo, sol, estrelas, nuvem, manto, tudo era soprado no vento, mas não os pés. Tão pequenos, ela pensava, mas apertavam sem dó a serpente de olhos arregalados.

— Gosto dela.

— De quem?

— **Dessa menina que olha a mulher do apocalipse. E dos olhos arregalados da serpente.**

O pai morreu antes de ela completar 10 anos. A mãe não parou para fazer o luto. Era ela que abria e fechava o dia de Maria.

Maria cresceu feito planta, sem ninguém se dar muito conta. E ela cresceu, e cresceu, e cresceu. Virou uma mulher grande, atrevida de corpo e de riso, riso de convocação, como um sino. E o olhar, como se soubesse... Não se casou. Não teve filhos. A vida, Maria usava se ocupando de um e de outro.

Quando estava ajudando na loja de doces, a mãe se aborrecia: assim, você não consegue fazer nada, Maria, parece que todo o bairro adora entrar por aquela porta só para falar com você! Mas eles bem que compram balas, mãe, a senhora anda é rabugenta! A mãe resmungava algo como: Sei não, é uma gentarada, olhando os contornos da filha ano a ano irem ocupando o espaço na luz da única janela da loja... quem era essa filha sua?

— **Não, não, mãe nenhuma faz essa pergunta. Elas só sabem.**
— Sabem?
— **Sabem: essa é a minha filha, que eu vejo à luz da janela, numa tarde de sol, e que ri como um sino e passa as noites em claro, olhando. E só.**

Para orgulho da mãe, Maria formou-se em Medicina. O pai, se estivesse vivo, também se orgulharia, diziam. Ela sabia que era mentira. Aquele homem embrutecido gostava da cristaleira, do relógio carrilhão e da extremosa.

Quando Maria era bem pequena, adorava ouvir o relógio tocando as horas e as meias horas. O som do tempo passando fazia ela entrar e sair dos seus sonhos. O tempo fascinava Maria, tanto quanto a cobra de olhos sempre arregalados.

Um dia, no entanto, sua relação com o carrilhão mudou. A música inexorável e insensível das horas construía pesadelos. E Maria começou a acordar aos gritos. No início, os vizinhos acudiam, depois limitavam--se a fazer um sinal da cruz quando os gritos despertavam a madrugada. A mãe, por não saber o que mais fazer, abraçava a menina com força e, não conhecendo outras histórias, contava do dia em que ela havia nascido, de como o sol brilhava lá fora, da festa da Imaculada que o bairro estava organizando, de como faltava tão pouco tempo para o Natal...

Nesse abraço os gritos cessaram. Maria voltou a olhar a noite sem medo. No dia seguinte da morte do pai, a mãe saiu de casa de manhã e voltou com 500 reais. Tinha vendido o carrilhão.

Não exerceu a Medicina. E nenhum resmungo da mãe conseguiu demovê-la: nunca permitiu que ninguém a chamasse de "doutora". Era Maria, e, com o tempo, virou vó Maria.

— Por quê?
— Porque, quando você é muito velho e não teve filhos, todas as crianças são seus netos. É assim nas cidades pequenas e nos bairros antigos.

Gostava de ajudar a mãe na loja. E lá foi ficando, atrás do balcão. Entre balas de caramelo, doces de leite, pirulitos, goiabinhas...

— **Ela viu o que ia acontecer com a Josenice?**
— **Ver não altera o destino, só torna você cúmplice do sofrimento.**

Segura a minha mão? Maria apertou as mãos ossudas da mãe entre as suas. Vai demorar? Não. Alguns minutos mais. A dor? Todas as dores vão passar. Tô tão cansada, filha! Fecha os olhos, mãe. Um dia a alma cansa de olhar e sai num suspiro, resolvida a voltar pra casa. Conta uma história? Você nasceu num dia de chuva, seu pai estava fora, na tropa de burros que acompanhava a carga de café até o porto de São Fidélis. Sua mãe teve você no meio do rio, dentro de um barco, e deu a você o nome do rio... Glória.

A mãe morreu quando Maria já usava túnicas coloridas para contornar suas formas redondas, os cabelos grisalhos rebeldes pousados nos ombros, os brincos gigantes, as pulseiras douradas nos pulsos, uma para cada ano de vida, ela dizia, rindo daquele jeito de sino. Quando você for muito, muito velha, vó Maria, não vai ter mais espaço no seu braço para pulseiras, dizia, preocupada, Júlia, filha da vizinha, que vivia ali, na roda das saias de Maria. Eu já sou velha, menina, muito velha! Faz biscoito? Vem, me ajuda aqui na cozinha.

— Eu consigo sentir o perfume dessa cozinha. Devia ser ensolarada, com uma grande janela sobre a pia, dando para o quintal. De lá, elas duas viam o tempo de a caramboleira passar.

— Não sei, mas bem podia ser... eu só conto a história.

Júlia amava vó Maria desde pequena. Não como todo mundo do bairro. Era outra coisa. Um dia, acordou e viu que a mãe ainda estava na cama, falava umas coisas estranhas, dizia que tinha formigas no corpo. Olhou e não viu formigas. Assustou. Correu na janela para chamar a vizinha. Ficou lá olhando o corpo da mãe se torcer de aflição com as formigas, lembrava das mulheres chegando, das formas de vó Maria emergindo da porta, de seu perfume de rosas ocupar o minúsculo quarto de paredes pintadas de verde. Sai todo mundo do quarto, pediu. Fechou seus olhos de ver. Empurrou o ar com a mão espalmada e fez ela pousar na testa da sua mãe. Foi a última coisa que Júlia viu, por entre as saias que a apressavam para fora do quarto. Aos poucos, lá dentro ouviu-se um silêncio. Só a voz de Maria dizia numa cadência: Lembra de quando estava na hora de Júlia nascer? Você teve medo, mas não precisava. Os bebês nascem, a gente querendo ou não. Morrer é igual. Eu vou cuidar da sua Júlia. Ela vai crescer. Estudar. Vai virar professora. Vai sempre lembrar de você.

Morreu pouco antes do almoço, as crianças foram mandadas brincar na rua. Não teve escola naquele dia. Vieram empadinhas, vieram bolos. Já era tarde quando Maria pegou a garota pesada de cansaço no colo e a levou para sua casa.

No bairro, ninguém comentava, mas todo mundo sabia. Será que tá na hora do parto, vó Maria? Ainda não, só amanhã. Ele vai morrer? Vai. Vá para casa, fique com ele esta noite. Faça com que tome essas gotas, só três, a cada hora. Ela está muito mal desde que voltou do hospital, vó, o médico diz que não pode fazer nada. Eu vou lá hoje, à noite. E ela ia.

Quando não estava atrás do balcão da Doceria dos Meninos e das Meninas, Maria estava no quintal da casa, debaixo da árvore de carambola. Era seu lugar favorito. Tinha colocado uma cadeira de vime já sem lustre no meio das roseiras e das moitas de arruda, camomila e sálvia. E era lá que ficava, olhos abertos, só vendo. No outono, a árvore ficava cheia de frutos dourados que ela cortava em formato de estrela para transformar em geleia.

Naquele dia, Maria levantou-se ainda era madrugada, acordou Júlia, sem se dar conta da hora, perguntou se ela faria o favor de cuidar da loja, se iria atrapalhar muito pedir para a professora auxiliar substituí-la. Disse que não tinha hora de voltar. Júlia estranhou, mas nem pensou em perguntar a razão. Vó Maria daria uma das suas risadas, e só. Maria chamou um Uber.

Digitou A.C. Camargo. O carro cheirava a lavanda. A motorista poderia ser da sua idade. Cabelo grisalho preso num coque baixo, feito as bailarinas, calça jeans, camiseta branca, tênis, mãos fortes. Eu queria usar as cores como você, disse. Maria riu alto, a cabeça para trás, as pulseiras tilintando. São as cores que nos escolhem. Parou, como se algo tivesse chamado sua atenção. Mas, agora que você está apaixonada, podia tentar um lenço vermelho por cima da camiseta. Eugênia surpreendeu-se pelo retrovisor.

Parou o carro. Chegamos. Virou-se, coisa que nunca fazia, mas queria olhar aquela mulher sem ter o espelhinho entre elas. A mão da outra veio em sua direção como um destino. As pulseiras, douradas, tantas que quase não sobrava braço. Obrigada, e tocou seu rosto. Eu posso esperar. Vou precisar ficar aqui algumas horas, mas gostaria que você me levasse de volta para casa. Eugênia nunca trabalhava de dia. No entanto, disse sim. Esse é meu celular. Pode me ligar.

No fim da tarde, quando Maria entrou no carro, olhou para Eugênia com uma echarpe vermelha enrolada no pescoço e sorriu. Fiz um bolo de laranja, ela diz, sem jeito. Trouxe um pedaço. Aceita? Maria aceita, mas estava quieta no caminho. Eugênia teria gostado que ela risse de novo. Onde nós estamos? Na Avenida dos Bandeirantes. Eu queria conhecer a cidade. Podemos só ficar andando, sem ter que chegar a algum lugar? Podemos. E viram o rio, os prédios espelhados, o Parque do Ibirapuera, a Avenida Paulista, os bairros cheios de tantas árvores que faziam sua extremosa parecer só uma flor dentro de um vaso, o centro, a Catedral. As ruas são diferentes, mas as pessoas são iguais, Maria conclui. Estou cansada. Está na hora de voltar para casa. Quando o carro parou debaixo da extremosa da calçada, Maria deu um suspiro, tirou as pulseiras do braço, uma por uma, guias de contas coloridas, argolas de metal, fios trançados, braceletes de cores envelhecidas. Tome, fique com elas para lembrar das suas cores. Sem saber por que, Eugênia sentiu uma vontade imensa de chorar.

Maria chegou tarde, Júlia já tinha fechado a loja. Caminhou os poucos passos entre a doceria e a casa. Como gostava daquela extremosa redonda, florida, explodindo de calor.

Quando Júlia acordou no dia seguinte, sentiu falta dos cheiros da manhã. Vestiu-se apressada.

— Não consigo saber o que ela está sentindo, mas sei que a palavra não é apressada.
— Vestiu-se, desatenta, tentando acreditar que aquele seria um dia qualquer.
— Sim.

Vestiu-se, desatenta, tentando acreditar que aquele seria um dia qualquer.

Segundo informou o serviço de meteorologia, o dia em que Maria morreu foi o mais quente do verão.

Maria nunca fechava a janela, dizia que gostava de ver o dia nascer. Quando Júlia entrou no quarto, a luz fazia a seringa caída no chão brilhar feito joia. O odor de cebola podre que ela sentira no corredor vinha de um dos dois vidrinhos vazios largados na mesinha de cabeceira. Maria estava pronta, na cama. Longe, um sino tocou seu som grave, depois dois agudos. Júlia não ouviu. Aproximou-se, fechou os olhos de ver, ajeitou com cuidado a túnica colorida. Colocou os braços vazios de pulseiras cruzados sobre o peito. Foi até o armário do lado da estante, tirou sua chave do bolso, pegou os frascos que estavam arrumados na prateleira, jogou numa sacola que achou na cozinha. Foi até a mesa grande de madeira muito velha que vó Maria tinha comprado para ser sua escrivaninha. Abriu a caixa de papelão que guardava pelo menos uma centena de fichas. Rosário, 86, morta em 13/04/1990. José Aguiar, 92, morto em 12/01/1998. Luís dos Santos, 83, morto em 07/09/2001. Elisabeth Silva, 74, morta em 05/06/2015. Uma a uma, percorreu as fichas. De alguns lembrava. Da dor. Lembrava de vó Maria pegando os frascos, colocando na bolsa. O perfume de rosas fechando a porta. Vá dormir, menina!

    Na cozinha, pegou um vidro de álcool, fósforos, levou a caixa para o jardim. Era pesada.

    O fogo demorou a pegar. Júlia esperou. Jogou os frascos no fogo. As fichas. A caixa. Sentou-se na cadeira de vime sem lustre e ficou quieta, só olhando enquanto o fogo consumia tudo e afinal se consumia. Misturou as cinzas com a terra. Ajeitou o canteiro. Entrou de volta na cozinha. Abriu a porta da casa.

    Não teve aula naquele dia. As crianças foram mandadas brincar na rua.

● ●

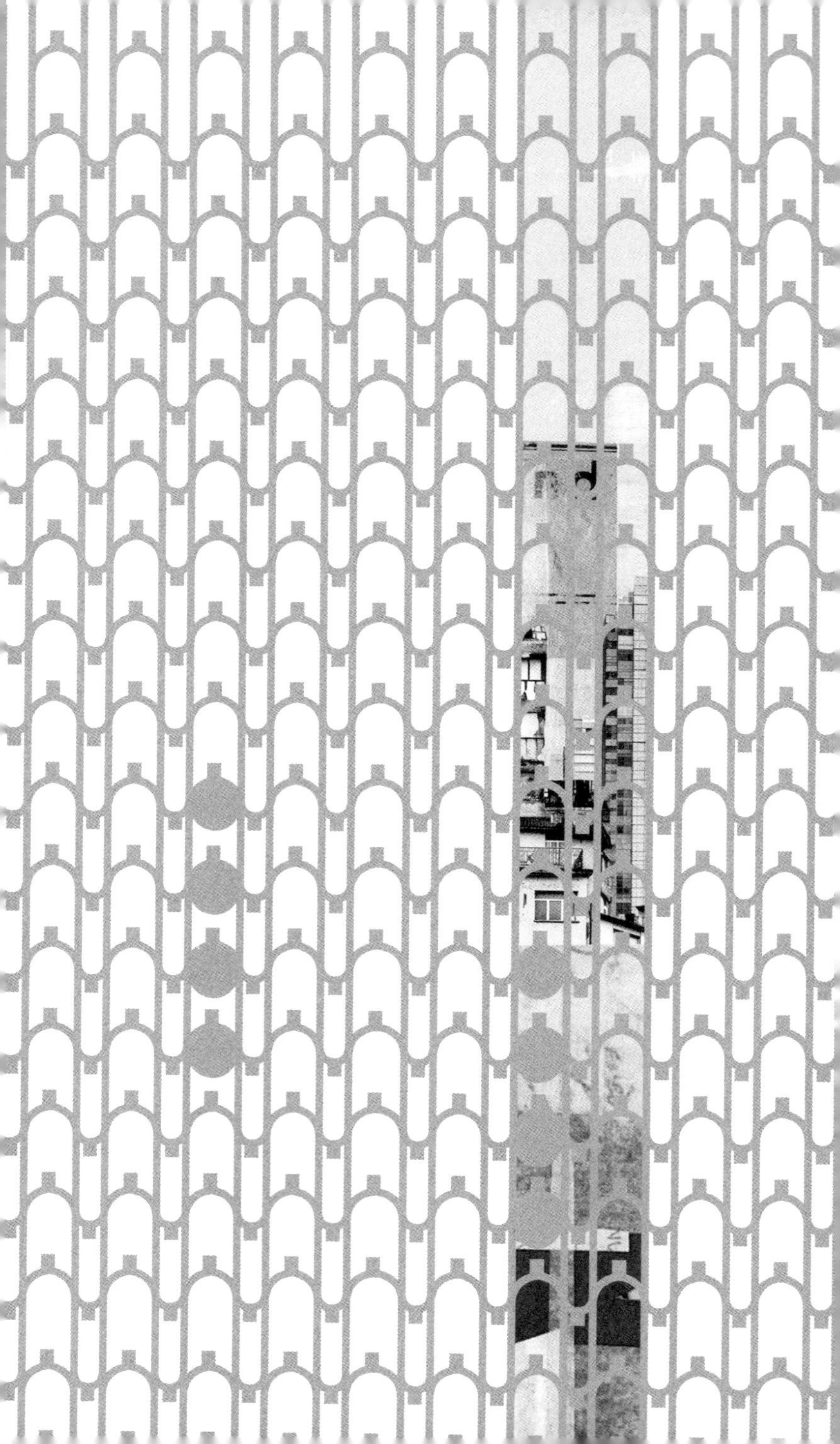

eugênia
edifício bretagne,
avenida higienópolis, 938
apartamento 93

— É ali que ela vive, veja. No prédio com as jardineiras nas janelas. São lavandas. Está vendo? Ela vai deixar o carro na garagem e subir até o 9º andar, é onde mora.
— São tantas janelas. Ela vive sozinha?
— Sim. E ela está se sentindo só.

Eugênia abriu a porta e despiu-se de si mesma. A chave do carro foi para a pequena bandeja veneziana que havia em cima do aparador, lembrança de alguma avó. O cabide recebeu a bolsa. O tênis pousou no banco de madeira esculpido em forma de leão, perto da porta.

Descalço, o corpo de Eugênia percorreu os poucos metros que separavam a porta da entrada do apartamento de seu quarto. Entrou. Jogou-se na cama toda branca. O colchão abafou o som das dezenas de pulseiras coloridas quando o braço desabou ao redor do rosto. As mãos, atentas ao que sabiam estar por vir, abraçaram os olhos. As lágrimas de Eugênia abriram caminho como se viessem de muito, muito longe. E vinham. Subversivas, atravessaram seu cérebro com espantosa velocidade e o fluido cheio de sal, proteína e memórias explodiu em suas glândulas lacrimais. Inundado de hormônios, o corpo sacudia-se de soluços. Eugênia chorava.

— Por quê?
— **Essas lágrimas, só os humanos choram e ninguém sabe por quê. Uma espécie de fala, é o que dizem.**
— Mas ela está sozinha.
— **É para falar consigo mesma que ela chora.**

chorava de mágoa da mãe que havia se suicidado quando ela ainda era uma menina chorava de pena do pai o filho falido da família de fazendeiros de Minas fronteira com Goiás tão

distante sempre como se estivesse ouvindo uma
música secreta mais interessante certamente
do que os dois filhos barulhentos birrentos
e cheios de necessidades incompreensíveis
chorava de saudades do irmão morto de gripe
assim sem razão chorava de medo da casa de
repente grande e escura chorava pelo alívio que
sentiu quando soube que ia se casar sair dali
chorava por lembrar a alegria do parto da única
filha difícil ela já mais velha chorava por não ter
vertido sequer uma lágrima no enterro do pai
chorava de raiva do marido e da nova mulher
tão jovem e de toda a vida que era sua e que ele
havia levado consigo quando partira uma noite
batendo a porta chorava por todas as vezes que
precisou ir até ele e suplicar por dinheiro para a
escola de Lívia para a viagem de 15 anos com as
amigas para a faculdade chorava por ter mentido
tantas vezes fingido feito cara de doce apenas
em troca de mais algum dinheiro chorava por
ter se percebido sem alternativas o Uber a calça
jeans a camiseta branca o cabelo branco preso
num coque baixo como as bailarinas chorava
pelos amigos perdidos pelos abandonos chorava
anos de pena de si mesma chorava de saudade
da filha recém-casada e dos espaços que sua
ausência tinha aberto no apartamento chorava
por infinitas pequenas razões por todos os filmes
tristes por todas as perguntas sem respostas por
todas as malas prontas por todas as despedidas

chorava pela mulher com cheiro de rosa e riso de sino e que ia morrer.

Chorava por sentir-se tão, absolutamente, só.

Enquanto chorava, Eugênia não via a cama toda branca ficar encharcada. O tempo ali parado. À espera.

Lygia, a velha do apartamento 83, estava entrando no próprio quarto quando ouviu barulho de água correndo. Olhou para o lustre e viu a água escorrendo pelos braços de bronze e fazendo poça no meio da cama.

Desligou a luz. A porta do 93 estava apenas encostada. Lygia foi entrando devagar, mas sem cerimônia, a bengala avançando na frente, rumo ao último cômodo, no fundo do corredor. Na cama, viu Eugênia derretida de choro. Lygia tinha 100 anos e foi com dificuldade e bastante ajuda da bengala que se sentou na cama, recostou no espaldar, colocou as pernas para cima e, usando toda sua força, puxou o corpo úmido e melado da mulher para seu colo. Eugênia não impôs qualquer resistência, ao contrário, era como se estivesse esperando; desejando, talvez.

Lygia fechou os olhos para a respiração voltar ao ritmo normal. Quase imperceptíveis movimentos de vai e vem faziam as costas ossudas sintonizarem com a madeira da cama. O sopro convertido num murmúrio rimado. Devia ter tomado água em casa; de uns tempos para cá, a única coisa úmida em seu corpo eram os olhos, todas as mucosas ressequidas, ásperas feito papel. Mas agora já era agora, ela continuou e ali as duas ficaram.

— Elas parecem quase imóveis.
— Sim, apenas pulsam para manter seus corpos pousados um no outro.

A noite inteira Eugênia entoou sua ladainha de pesares e mágoas e culpas. A noite inteira Lygia dormitou entre ave-marias. Quando o dia nasceu, ambas abriram os olhos juntas.

As duas mulheres acordaram no exato instante em que a primeira fresta de sol entrou pela janela do apartamento.

Lygia olhou para Eugênia e pela primeira vez viu seus olhos e reparou que eles ainda guardavam água da noite. E amou aquela mulher por isso.

Eugênia acordou em cheio nos olhos cinzentos de Lygia. E soube que elas já estavam bem além da necessidade de perguntas: ia amar aquela mulher para sempre.

Vou fazer um café.

Tomaram café com torrada, queijo e geleia de carambola na mesa da cozinha, ensolarada das frestas de sol que a janela deixava entrar.

Adoro café. Eu também. Nós já nos vimos tanto! Foi Lygia que sorriu antes de dizer: nós estamos sempre sendo na superfície dos outros, não acha? Vivemos nos esbarrando, nos escorrendo uns nos outros. Às vezes sinto que é difícil saber onde eu começo ou acabo.

— Preste atenção. Porque, no fundo, essas histórias são sempre sobre encontros e solidões.
— Não sei o que é solidão.
— Você vai saber.

Aqui e ali, vamos indo, tocamos de leve uns nos outros pelo caminho, um roçar mal e mal adivinhado, continua Lygia, e seguimos na lida do dia, com essa poeira de todos impregnada no corpo. E tem vezes que o outro exige e invade e abre caminho e arromba a porta e machuca, apenas para nos envolver em encantamento no minuto seguinte. E a gente levanta e sai e acha que está inteira, mas não mais. Sabe que é por isso que gosto tanto dos prédios de apartamentos? Sempre imagino que nessas janelas são outras misturanças de mim que dormem, acordam, tomam café com torrada, queijo e geleia de carambola na mesa ensolarada das suas cozinhas...

...me conte, o que você vai fazer agora que se esvaziou das suas lágrimas? Se eu fosse grega e tão velha quanto me sinto, diria que você já fez sua catarse e que está na hora de voltar para o mundo. Não para casa, você sabe, é outro caminho diferente de vir, é ir, ir para fora.

Tem esse homem. Minha filha abriu uma conta no Tinder para mim, você precisa sair, encontrar pessoas novas, mãe! Os olhos de Eugênia buscam os de Lygia por uma fração de segundos, apenas para confirmar que aquela mulher tão velha sabe o que é um aplicativo de encontros online. Lygia sabia. Eugênia continua. Ele está embarcando para Paris. Quer que eu vá me encontrar com ele lá. É Paris, é clichê e eu tenho medo.

Lygia corta um tico de queijo, deposita com cuidado no pão, passa a faca pela geleia, espalha em cima do queijo, mete o pedaço de pão na boca. Como gostava de geleia de carambola!

Eu fiquei velha há alguns poucos anos. Ou talvez não sejam anos, apenas meses. Ou ontem. Foi de repente, eu sei, acordei e estava velha. Custei muito a envelhecer. Gostava de me arriscar na vida. E o amor não é o maior dos riscos? Entre mim e você, quantos anos têm?

Mais de 30, disse Eugênia.

Eu podia ser sua mãe e aí eu diria, você é ainda uma menina. E nós riríamos dessa ideia. Tanta gente envelhece antes da hora...

...agora vou indo. Levanta-se e dá um beijo na testa de Eugênia. Era quente e macia. Qual o seu nome? Eugênia. Eu sou Lygia.

Lygia abriu a porta do apartamento. Gostava de voltar para essa sua casa! Está certo que não lembrava direito das outras casas, talvez gostasse de voltar para as outras também, mas já fazia muito tempo e ela...

— **Essa velha conversa sozinha, eu vou gostar dela?**
— **Vai.**

A filha, aflita, ao vê-la entrar, largou o celular no sofá. Mãe, onde você estava, pelo amor de Deus? Quase morri de preocupação! Cheguei aqui de manhã e nada de você...
Lygia olhou para a mulher velha que era sua filha. Riu e deu um beijo cheio de saudades na bochecha de Inês. Você não tem conserto, mãe. Não tinha mesmo.

— **E Eugênia?**
— **Não sei, a história não conta o que aconteceu. Mas as histórias são cheias de clichês.**

51

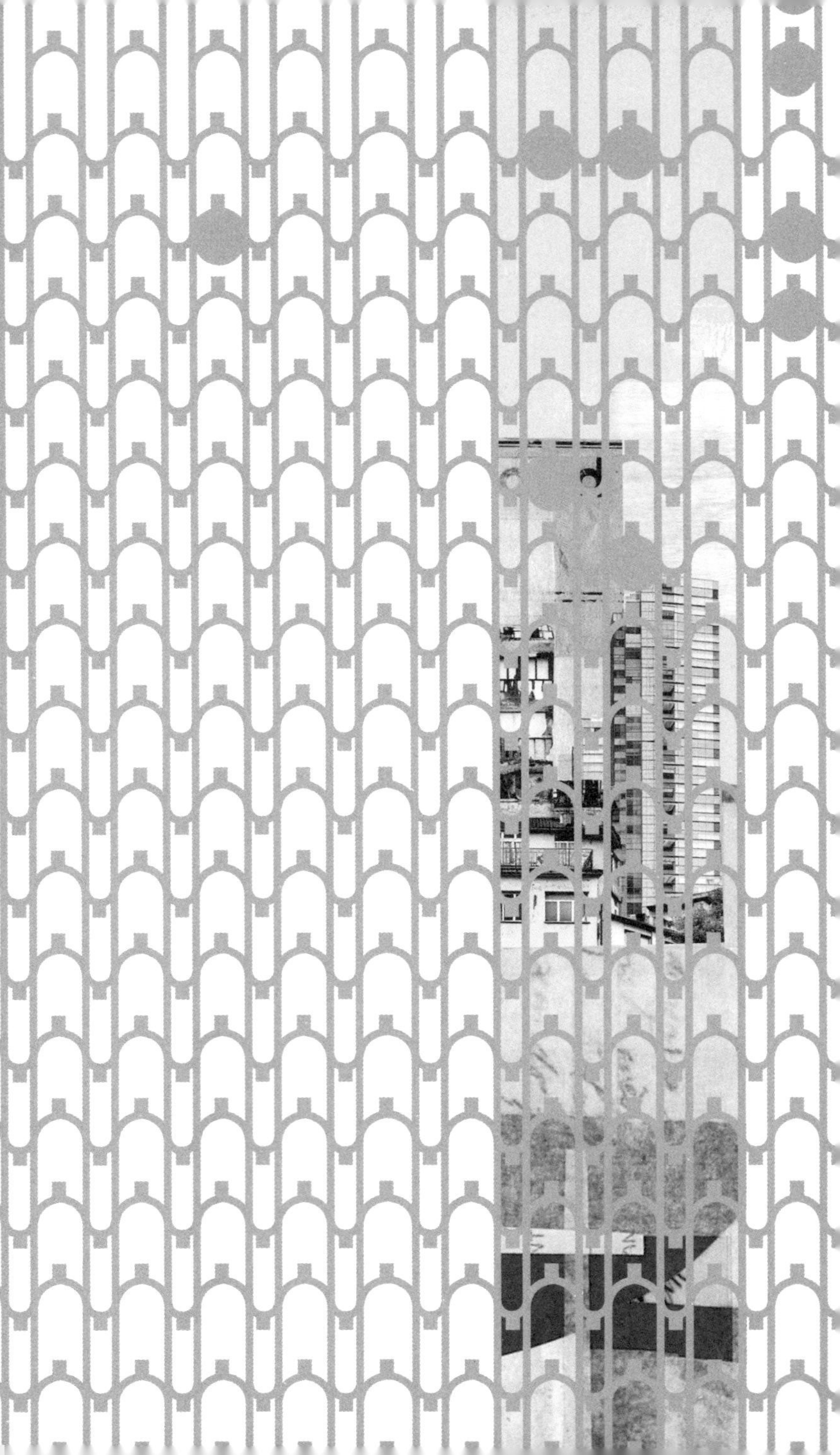

lygia

coisas para pensar
na hora de morrer

— Parece bela assim, a túnica alaranjada, mãos dadas com o sol, fios de luz escorrendo pelos cabelos. Ela sabe?

— Todas as suas células já receberam um sinal. Uma fagulha carregada de destino percorre cada fibra do seu corpo. Assim que parar de respirar, as primeiras células a morrer serão as do cérebro e as de todos os excêntricos filamentos luminosos que compõem os circuitos nervosos. Em seguida, virão as do coração, depois as do fígado, rins, pâncreas. O suicídio programado de tudo que costumava ser ela ocorre em menos de uma hora. E sem sua consistência, ainda que apenas imaginada, as milhões de minúsculas criaturas que a habitam serão convocadas a instaurar o caos. A destruição minuciosa do tecido que levou 100 anos para ser urdido começa.

Esparramam-se pelo chão crenças, fragmentos de medo, de compaixão, pedaços da mente, sua curiosidade, sua sensualidade, o olhar, memórias de amores. Gases, líquidos, sais, se desprendem, frouxos. Qualquer quietude é uma ilusão. Bem ali, onde o cadáver parece apenas repousar, o espetáculo da vida digerindo a si mesma está sendo encenado. Outras umidades virão. Larvas e moscas se encarregam de devolver para a terra a matéria amarronzada que sobra no final.

Se ela sabe? Quem é ela senão a trama desse sonho?

...queria ficar pra sempre assim, costurada no sol... cansada! ...que estranha noite... tanto choro... Eugênia... talvez ela vá para Paris, quem sabe? talvez agorinha mesmo esteja abrindo a porta do apartamento e partindo rumo às suas histórias... tanto choro... e essa sensação de estar dissolvida nas pessoas... eu amo as gentes! São minhas gentes, como na música do Chico... e amo geleia de carambola, mas hoje enjoei, já, já passa... esse sol na pele, tão bom... feito as mãos de Amália... as mãos de Amália percorriam meu corpo como

línguas macias desconhecidas do tempo. Amália
tinha alma de poesia:

Diga que vai me amar para sempre
Eu vou te amar para sempre
Diz de novo
Diz
Ela dizia
Amália, onde você está?

...chega, Lygia, Amália foi embora, a família
mandou-a para fora do Brasil, vocês duas vão
esquecer toda essa indecência. E não se discute
mais isso nesta casa, entendeu? ...nunca discutiu,
e nunca quis esquecer... Amália ficou lá
encantada nas minhas superfícies... todas
as carícias, dali para frente, seriam as mãos
de Amália em mim... soube do acidente anos
depois... já casada, já separada até. Inês no colo...
minha filha, minha menina... quis tanto ser uma
boa mãe para você! mas sei lá se algum dia eu
tive certeza do que seria ser uma boa mãe...
mãe só dá vida, não fica lá para viver a vida
que deu. talvez tenha sido o nome da tia-avó...
Ignez numa grafia antiga... a última filha da bisavó,
aquela que morreu de parto... a mais estudada...
a mais elegante... a única que não tinha casado...
amante do próprio cunhado... um escândalo!
e não se fala mais nisso aqui nesta casa!
...minha única filha e resolvi lhe dar o mesmo

nome dessa figura trágica, vai ver foi isso... não,
Inês nunca foi trágica, ao contrário, sempre
cheia de sol, mas... a separação talvez... claro
que meu casamento não podia durar... dos dois
lados, foram muitas as camas... nem lembro... ele
buscando a mulher que imaginou que eu fosse
quando nos conhecemos na faculdade, eu...
devolve meus contornos, Amália? ficaram
misturados nos seus... talvez tenha sido só eu
desejando Amália...

...Inês, Inês, minha menina ensolarada,
sempre teve olhos de julgamento. Quando foi
que a relação de nós duas ficou assim: Inês
cuida ferozmente de mim, e eu me escondo de
Inês............. o que vai ser dela quando eu morrer?
calma. Inês sempre resolve tudo..., mas é dura
durezas são fáceis de quebrar há quantos
anos está estranhada com o filho? Marco, um
menino doce...o contrário da mãe, olhos de
perguntas...por que eles brigaram na verdade?
não foi uma briga, foi uma trégua... será que
ele vem hoje?...
que dia é hoje?... quero que ele toque Rhapsody
in Blue no trompete... meu melhor presente de
aniversário: a porta abrindo, Marco no fundo
da sala, encostado na janela,
tocando Rhapsody
in Blue para mim. Inês criticou, precisava
treinar mais... que nada! um garoto... e minha
alma dançando em azul pela sala... tomei

todo champanhe que
consegui... quantos anos eu estava fazendo?
vó, vou embora...preciso de ar...me aceitaram
em Boston...quero fazer música...vá, querido,
eu ajudo...e ele foi...valente...nem 18 anos tinha...
Amália foi embora no dia do meu aniversário
de 18 anos, tenho certeza, estávamos em
setembro, os ipês se despedindo dos seus
amarelos...você vai ser a melhor professora de
Filosofia do planeta porque tem essa vocação
para ideias rodopiantes...e ria...e ríamos
...eu gostava dos meus alunos, também faziam
minha alma dançar... não lembro o nome de
nenhum... que estranho, tornaram-se os alunos
e só... professora, Deus existe? uma garota
de cabelos vermelhos e uma pergunta boba.
essa aula é sobre Spinoza, menina de cabelos
vermelhos, e, para Spinoza, Deus é a substância
mesma de tudo que existe, de tudo que é
imaginado, de todas as mentiras, de todos os
desejos... entendeu? não, não faz mal... Deus não
se importa a mínima com as nossas perguntas,
suas ou minhas, bobas ou não... é o nosso
espanto que Ele deseja... olha, menina, um furo
na trama divina,
...buraco de coelho
...alucinógeno
...labiríntico
...desconcertante
...me dá sua mão, é no avesso que todas as

perguntas acabam... vem, vem, entra comigo... somos nós, em queda livre... não chore, menina de cabelos vermelhos, não é nada... o Deus de Spinoza também me dá vontade de chorar ...e os buracos de coelho ...e o *Adágio para cordas*, de Barber... tão óbvio, é só não ter medo de se esparramar... sim, diz a
voz musical de Gilberto Gil: crie uma longa linha melódica para os violinos, depois
faça com que as
violas recitem sua parte, *always to the highest*, dizem
os upanixades, em seguida, os violoncelos, como os
corvos, dizem, "nunca mais", "nunca mais"
...aguente a intensidade dos acordes se construindo até o limite do suportável
e depois

nada

o silêncio

a pausa reverente que se instaura quando você

toca nas asas de uma borboleta

a sensação de estar diante da beleza

infinitamente frágil de todas as coisas

o pó colorindo as pontas dos dedos

azul

amarelo

eu amava seus cabelos Amália,

vermelhos feito fios de sol

esse sol

por favor, não morra só porque

toquei nas suas asas

nada morre

você devia saber

que bobagem...

— **Vou sentir falta dela.**
— **Nada morre. Você devia saber.**

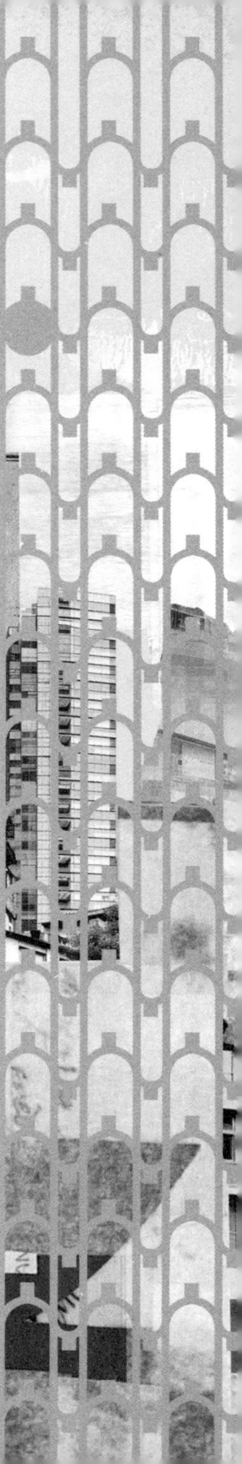

inês
o manto

Ela olhou sem ver para o homem parado
à sua frente.

Mãe? ...ele desistiu do você está bem que tinha
preparado, a mãe, aquela mãe, sempre estava bem.
Ensaiou um precisa que eu faça alguma coisa?
...arrependeu-se. Os inícios de conversa
com sua mãe eram sempre apenas isso, inícios,
truncados e condenados a cair num bueiro
frustrado de impossibilidades. Lugar-comum.
Mãe? ...tentou de novo. Os corpos tão próximos.
Podia só abraçá-la, levantar os dois braços,

estendê-los, deixar que eles se cruzassem ao redor do corpo miúdo, magro, ossudo, sentiu o impulso, deixou que ele se extinguisse. Mãe? ...costumava imaginar sua mãe mais alta do que ele. Fazia décadas que minguara. Mas, ainda assim, o ângulo amedrontado da sua visão o faria olhar para cima, caso quisesse encontrar os olhos de sua mãe. O cabelo empapado da correria de chegar em casa. O tênis desamarrado. Estava brincando. Esqueci, mãe. Foi sem querer. Ela não ergueu a cabeça. Olhava para a mesa do outro lado da sala. Será que haveria sanduíches para todas aquelas pessoas? E o homem deu um passo para trás.

Inês não tinha parado desde que a mãe morrera, há exatas 24 horas e 32 minutos. Eram tantas providências e só ela para resolver tudo. Zé, aquele marido que, todo mundo sabia, não decidia nada, vivia sua vida de canto, refugiado no escritório, ilhado entre pilhas e pilhas de livros de Direito, que não deixa nem a Dadá limpar. Duvido que ele leia, fica lá trancado só para não ter que fazer nada.

Marco, o filho, quem era? Não sabia mais. Largar a faculdade de Engenharia para fazer música? Aceitar trocados da avó para viver? Não era decepção o que sentia. Apenas a confirmação do que sempre suspeitara: seu filho, seu único filho, nunca ia ser nada na vida. E ele não ouvia, não ligava, por mais que ela falasse, aconselhasse... os filhos não ouvem as mães... fazem tudo da própria cabeça, dão com os burros n'água, depois voltam para casa, o rabo entre as pernas, pedindo socorro, mas aí seria tarde demais. Tinha dito: se você desistir da faculdade, não me peça mais ajuda... desconfiava que, além da avó, o marido também dava dinheiro para o filho. Mas ela? Nunca!

Absurdo sustentar um homem feito! Precisa saber o valor das coisas. Não tem garra, não tem culhão, isso mesmo, igualzinho ao pai. Umas aulas aqui e ali, escolinhas de música para crianças mal-educadas, shows em bares dos quais ela nunca nem ouvira falar, que vida era aquela? E agora aquela moça, Graça, atriz, só podia, né, atriz, dizia que não queria fazer TV, preferia teatro, mas quem não quer fazer TV? Desculpa, com certeza. Mais uma para ela ter que sustentar. Um bando de gente que, no final, se fartava às suas custas. Seu esforço. Nessas horas sentia falta de poder contar com alguém, mas esses dois eram inúteis. Viviam no mundo deles e ela ali embaixo, sozinha, tendo que cuidar de tudo. Tudo. Tudo. O trabalho já não bastava? Poucos domingos, férias raras. Odiava o blazer, o cheiro do escritório, a voz de criança mimada da secretária, odiava aqueles casais, que chegavam lá sem controle, em busca de conselhos que não seguiriam. Não adiantava tentar raciocinar. Ali faltava caráter, cá pra nós.

A gente não pode fazer o que quer, tem que fazer o que precisa. E ponto-final. Quem manda querer se divorciar? Pior que os maridos querendo passar a perna nas esposas e as esposas querendo manipular os maridos eram as crises de choro. Kleenex na mesa lustrosa, longa o bastante para manter os pares bem separados, um copo d'água para a senhora, por favor, Kátia? Sim, doutora, aquela voz nhi nhi, não precisa responder, só faça. Sempre a mesma história, passam a vida fazendo besteira, achando que vão se sair bem, depois, não adianta chorar. Alguém tem que se responsabilizar pelos erros. Erros. Ninguém se importa. Dez anos ela tinha quando os pais se separaram. Dez anos! O pai, cheirando a bebida, cada vez mais barata. A mãe, no mundo da lua. Um dia ele saiu e não voltou. Ninguém pensou em mim, ninguém. Noite após noite eu esperava. Mas nunca mais ouvi os passos bambos do meu pai subindo a escada. A mãe caminhava sem peso pela casa, como se não visse as paredes, o teto, o mundo se rompendo.

Passava sem notar pelos móveis desordenados flutuando pela sala, ria dos monstros debaixo da cama, do medo do portão aberto, do moço da bicicleta que guinchava, da cara má do entregador do leite, não via os seres minúsculos e malévolos que entravam pelas rachaduras das paredes, dizia: Inês, querida, a

gente tem que aprender a brincar de nuvem, me
apertava no peito, contava histórias loucas. E
se ela fosse ficando cada dia mais transparente
até sumir? O dinheiro dava num mês, no outro
não. Quem ia cuidar? Quem? Inês, ligamos para
a mamãe e ela pediu desculpas pelo atraso,
já está vindo buscar você; seu Fernando, o
bedel, vai esperar até que ela chegue para você
não ficar sozinha, está bem?... quem antes de
dormir ia fechar as portas e as janelas sempre
esquecidas, escancaradas?

    Criança? Não fui. Fazia listas de compras no
caderno de desenho, organizava a casa com a
Dadá e, nem tinha menstruado ainda, já sabia
do dia da lavanderia, do valor da pensão que o
pai não se preocupava em atrasar. Essa menina
é danada, dona Lygia! Nasceu dona de casa. Eu
odiava a casa. Muitas vezes, à noite, desejava
arrebentar de vez as portas, deixar as janelas
abertas e esperar que as chuvaradas de verão
destruíssem tudo, tinha raiva do raio porque
ele não cortava a casa ao meio numa explosão
tão grande que até o pai, mesmo de longe, ia
ouvir. O mato cobriria as paredes, eu escondida
num vão. Desejava tão forte que tinha medo de
que acontecesse. Quanto tempo levaria para
a mãe sentir falta? Nunca prestava atenção,
brincando de nuvem. Alguém precisava fazer
tudo. Amarrar tudo. Consertar tudo. Colocar
tudo em ordem.

— Se estivessem prestando atenção, teriam percebido o que viria. Sentiriam o cheiro da raiva... mas não estavam...

A primeira frase a escapar da boca de Inês foi mais uma para ter que sustentar. Quando ela pensou no bando de gente que vivia às suas custas, instaurou-se um silêncio espantado entre os presentes. Alguns até interromperam o choro em homenagem à morta, quieta ali na sua urna, modelo Olho de Deus Luxo, nada a lamentar, a maior parte dos choros era pura formalidade. Inês não se deu conta. Seus pensamentos escapavam, selvagens, e ocupavam a sala onde se realizava o velório. Soltos, enfim, debatiam-se a esmo. E Inês pensava em toda sua raiva, num ritmo cada vez mais feroz. Palavras, frases inteiras, se chocavam umas contra as outras, ricocheteavam nos vidros, estouravam no ar feito balões. E Inês formulava seus quem, quem, quem, antigos, tão antigos que mal saíam da sua cabeça, sem forças caíam no chão, fazendo um ploft de casca de banana. Ninguém ousava se mexer, era grande o risco de escorregar nas maçarocas meladas que já iam escondendo o piso de mármore da casa funerária. Um perigo! E as palavras da raiva de Inês, aos poucos, iam engolindo o ar.

Luzia estava do outro lado da sala quando a primeira frase escapou. Inês e ela eram amigas

desde o colégio. Não íntimas, Inês não era de
intimidades. Gostava da sua inteligência aguda,
da sua lealdade, do mau humor engraçado,
depois da segunda taça de vinho perdoava
todas as intransigências e não ligava para o que
chamava de o lado blasé rabugento daquela Inês
tão durona... não saberia explicar por quê. Puxou
a toalha que estava na grande mesa daquele
canto do salão, deixando que os pratos cheios
de sanduíches, as xícaras de café e as jarras
de suco caíssem no chão num ruído abafado,
e, driblando as frases melequentas que agora
cobriam o piso, moveu-se na direção da amiga.

    Inês não reparou na debandada das palavras
até que elas começaram a pousar na bandeja de
bolo de fubá cortado em quadrados perfeitos
que estava em sua mão e cobriram os pães de
queijo com uma espécie de gosma cheia de
serifas. Largou a bandeja de espanto. Virou-se
e recebeu em cheio o assombro ao seu redor.
Viu o marido e o filho ao longe, imobilizados
entre sujeitos e predicados raivosos. Os olhos
arregalados, o palavrório esbaforido instalando
o caos. Nua. Nua. E, no instante em que pensou,
nua e nua saíram correndo e acertaram o
nariz da ex-diretora da escola onde sua mãe
costumava dar aulas. As reclamações haviam
colado nas luminárias e a sala toda mergulhava
numa penumbra cinzenta. Inês quis gritar. Mas
o grito fugiu e foi parar no ombro de um antigo

amante da falecida, que tentava em vão enxotá-lo. Tentou cobrir a boca com as duas mãos. Inútil.

    Luzia atravessa o espaço defendido de Inês, passa o braço em arco sobre sua cabeça, envolvendo-lhe o corpo com a toalha transformada em manto, a barra arrastando no chão. Uma das mãos prende com firmeza talvez excessiva as pontas do pano debaixo do queixo agora gelado, e, com o braço livre, comanda nos ombros miúdos do corpo esvaziado, os passos lentos, solenes, cadenciados, que as levariam até o lá-fora que se adivinhava pela janela, a nesga de jardim riscada de sol.

69

luzia
a carta

— Algumas criaturas passam a vida grávidas, carregando outras dentro do ventre. São assim certos tipos de marsupiais. E alguns, raros, humanos.

Pai,
 Não vou poder ir aí ver você por um tempo. Aparentemente 30 dias, mas não dá para ter certeza. Tem esse novo coronavírus no ar, Covid-19, que pode contaminar milhões de pessoas. Não é só no Brasil, esse país condenado ao futuro, como você gostava de repetir no tempo em que falava.

Aqui, a quarentena começa amanhã. Mas o planeta está fechando as portas. E com razão. As pessoas estão morrendo, pai, e morrendo sozinhas, asfixiadas. As imagens na TV, a gente chega a duvidar. Consegue imaginar Paris sem ninguém na rua? Roma? E sem as pessoas, as cidades são cenários de pesadelo, vazios e quietos. Não sei se você ainda presta atenção, nem sei se vai ouvir quando Tereza ler este e-mail com sua voz gorda e aveludada. A voz de Tereza... Deixa ela cuidar de você por mim?

Lembra quando assistimos o pouso da Apollo XI na TV? Eram também imagens, assim, extraordinárias. Fantasmas que percorriam a tela tensos, lentos, entre vozes que eram só ruídos. Mas teve aquele instante de espanto do astronauta. Ele se calou por alguns minutos, ali, sozinho, diante de milhões de telas de TV e da enormidade do que estava em vias de acontecer. Tanta gente na nossa sala naquele dia, aqueles homens sem o paletó, as mulheres aprumadas, nem todo mundo tinha televisão... eu olhava para você e foi você, não o Armstrong, que eu ouvi pronunciar a frase "um pequeno passo para um homem, um salto gigantesco para a humanidade". Até mamãe chorava dentro de toda sua compostura.

Que dia aquele! Além da TV, você tinha acabado de comprar o avião, um monomotor que lembrava os que a gente via nos filmes de guerra, mas branco, com bancos vermelhos, se me lembro bem. Você ia tirar o brevê. Nunca tirou. Não sei explicar, mas minha sensação é que tudo na nossa casa acabava antes. As coisas explodiam, prematuras, nasciam mortas. O avião, a moto, a fábrica de pêssegos em conserva, o ouro em Serra Pelada, a sala de cinema, num minuto eram tudo que importava, ocupavam todas as conversas, instantes depois já não se falava mais, eram enroladas em desculpas e varridas para o esquecimento. Que estranho dar voz, assim, a essas lembranças, talvez a gente ouça melhor quando escreve...

Meu lugar favorito durante anos era um ângulo iluminado por uma fresta de janela, debaixo daquela sua mesa enorme, no escritório. Ali, eu e Lili, a boneca, brincávamos por horas, muito quietas. Não sei se você sabia que eu estava lá, ocupado sempre, falando e falando com os homens sem paletó, que entravam e saíam, desconhecidos. A maior parte do tempo eu duvidava que você sequer soubesse da minha existência nos cantos da casa. Mas, sabe, pai, muitas vezes me peguei acreditando que tudo que você dizia, toda a exuberância, todo o fascínio, tudo, era você falando comigo.

O barulho do gelo no copo era o seu sinal. E era o meu. Toda a casa girava em torno do momento em que o aparador recebia o balde, a bandeja, a garrafa de uísque. A sua chegada. Mais tarde, quando o vovô morreu e a loja da 25 de março fechou, você não chegava mais e o copo com gelo estava sempre ali. Mamãe culpou você pela morte do pai. Não entendi, na época, mas soube, estava lá na raiva apertada de cada palavra dela. Os lábios virando linhas apenas riscadas no rosto. Não sei por que lembrei disso agora, escrevendo esse e-mail, mas, quando ela morreu, tive que pegar o batom e desenhar nela os lábios que já não existiam mais...

Foram duros aqueles últimos anos antes de você emudecer. A casa quieta e cinza, descascando dos quadros, dos tapetes. As janelas ocupadas de tristezas guardando as cortinas rotas, o mato escurecendo o jardim. E aí veio o dia em que você entrou no escritório e não saiu. E logo o que costumava ser um refúgio, habitado por livros, vozes educadas, perfumes de tabaco e jacarandá, que, para mim, e nem sei por que, lembravam lugares exóticos, passou a cheirar a remédio, a azedo. Anos de diagnósticos confusos e conformados. As enfermeiras se revezando, antes de mamãe engolir o ódio da vida empobrecida e se ocupar ela mesma de você, já completamente vazio das suas palavras.

Todo tempo eu estava lá, pronta para vocês. Aos poucos, foi ficando mais e mais difícil penetrar naquela camada escura e amarronzada de silêncios que ia cobrindo a casa, feito um pó grosso e malcheiroso. Lembro dos cheiros. Me enchia de pretextos para pequenos cuidados, quer um café, mãe? Cobertor, pai? Nem ela nem você reagiam mais, e eu passava cada vez mais tempo guardando pedaços dos dois em mim. Nos poucos momentos em que não estava preenchida de vocês, me ocupavam os gatos que vinham comer restos no quintal, chegavam mancando, eu fazia talas, eles pulavam o muro e lá se iam de volta pra vida. O jardineiro, Jonas, tinha me ensinado a limpar machucados, colocar ossos no lugar, reconhecer quando não havia mais o que fazer. Era ele que estava comigo quando fui discutir com o vizinho que envenenava gatos porque não gostava dos gritos à noite. Juntou gente. O vizinho teve que ouvir, ainda que de muito mau humor. Foi Jonas que me deu Filão, o vira-latas sarnento de três patas. Não, você não chegou a perceber o Filão. Um dia, Jonas não veio mais. Morreu, disseram, como tudo aqui, pensei...

Mamãe também morreu, num dia 20 de julho. Lembra? Fazia frio e o vento trazia presságios. Até hoje tenho uma certeza sem razões de que os ventos carregam avisos, recados. Morreu dormindo. Zilda, a empregada, a única que ainda trabalhava na casa, deu um grito logo de manhã. Eu corri.

Mamãe dormia pronta para morrer. Não sei se você se deu conta. A essa altura, o pai parecia embutido nas prateleiras vazias, cobertas de poeira. Mas não sei, não gosto de me lembrar daquele silêncio carregado de ódio.

Eu queria continuar cuidando de você, pai. Mesmo quando os gatos famintos e o cachorrinho perneta foram sendo substituídos por toda aquela gente que entra mancando de alma ou de corpo no pronto-socorro, dia e noite, machucadas, exaustas e sem voz. Você cuida, remenda, refaz, e depois elas pulam de volta para o mundo... E, de todo modo, o dinheiro não dava. Nunca disse, mas foi um alívio quando vendi a casa e pude colocar você nessa clínica.

Não sei se você sabe quando chego perto e passo minha mão nos seus cabelos, selvagens como os de um maestro, toco nos dedos que você larga no colo, improviso massagens nos seus ombros abandonados na poltrona.

Não vou poder fazer isso por algum tempo. Mas estou aqui de longe pensando em você. Em nós. Acho que você era feliz na casa cheia de espantos, fascinantes e passageiros. Mas eu não tenho saudades, pai.

Vou ligar todos os dias para saber de você.

Sua filha
Luzia

Não releu. Assinou o e-mail como carta. Percebeu, mas decidiu não corrigir. Sorriu, sentindo-se velha. Apertou o Enviar e deixou que fosse.

Precisava correr. Tinha marcado um encontro com duas amigas numa dessas padarias chiques que andam surgindo em todos os bairros. Ah, Luzia, podemos tomar um café? Ando me sentindo estranha, vai me fazer tão bem conversar com vocês. Antes do lockdown, vamos? Ruth era aquela que convocava os encontros. Três amigas que se conheciam desde sempre.

E lá vai ela, esbaforida pela porta, avental, bolsa, o e-mail sendo enviado. Era dessas pessoas que nunca desligam o laptop.

Deixou o carro no estacionamento. Saltou apressada como sempre. A alma animada por propósitos. Não percebeu a tempestade que todos os dias escurecia o céu de março.

Subiu os degraus. O instante descolou-se do tempo da padaria e Luzia guardou rapidamente a pressa dentro do avental branco. Avistou Ruth e Laura, lá no fundo, Ruth levantando, alarmada, e precipitando-se em sua direção. Viu o garçom, moço alto, de cabeça baixa, rendido, mudo. A mulher muito magra de cabelo comprido, óculos escuros, shorts de grife, gritando e jogando xícara e copo no casal de jovens, congelados de surpresa, ainda de mãos dadas. Isso é uma padaria gay, porra? Vocês são uma abominação, sabiam? Sabiam? Não tenho que assistir a essa pouca vergonha! O corpo atento de Luzia deu três passos, se interpondo na trajetória das xícaras e dos pratos, os olhos puxando para si os da mulher. Uma distância segura. Mantenha uma distância segura. Braços abertos, estendidos, prontos. Calma. A mão cheia de anéis puxou a arma de dentro da bolsa. Um tiro.

Enviado.

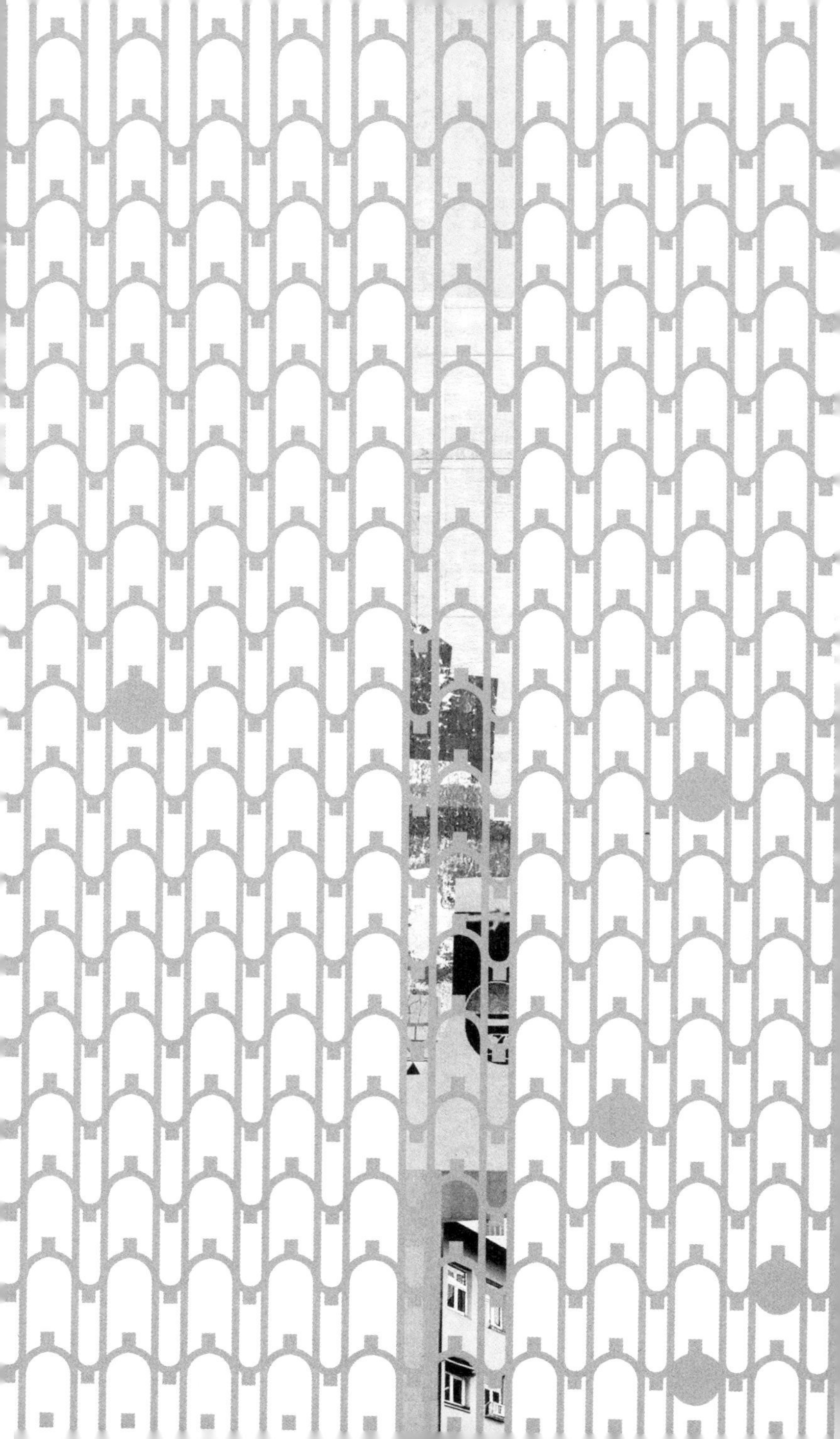

margarida
a fita de mœbius

Margarida sentiu o vento bater no rosto e um arrepio disparar do pescoço e ir perder-se em suas entranhas. Os cabelos brancos fiapavam alegres enquanto riscavam a sombra das palmeiras-imperiais, perfiladas, obedientes, de cada um dos lados da alameda. O caminho de terra batida corria cada vez mais amarelo à medida que se aproximava do portão da casa. Margarida avançava sem diminuir a velocidade. As velhas grades de ferro gemeram ao abrir, os degraus até a varanda foram engolidos pelo vento e, afinal, a grande porta do casarão cedeu, escancarada, para deixá-la passar.

Margarida aterrissou sem fôlego na sala ladrilhada de azul e amarelo.

O olhar acinzentado e curioso puxou seu corpo e ela saiu percorrendo as paredes que construíam a casa antiga. Eram escuras. Estranhamente arredondadas como as das torres. Labirínticas. Onde estaria Jorge? O menino apareceu de uma fresta de sol. Quem é você? Sou um menino.

Quer brincar? Sim, mas ela não, apontou para a garotinha, que começou a chorar. Não faça ela chorar. Vem brincar conosco? A menina abriu a mão pequena e mostrou uma fita larga de cetim. Como chama essa cor? Furta-cor, lembra o menino, a cor das bolhas de sabão. Os beija-flores, entoa Margarida, as palavras lentas se formando nela, imprecisas, nebulosas, apenas formuladas e já tão cheias de saudades, os beija-flores têm asas furta-cor. E também verdes IN-FI-NI-TA-MEN-TE brilhantes, apressa-se a dizer o menino, saboreando a palavra recém-descoberta e muito em dúvida se deveria confiar no aspecto furta--cor das asas dos beija-flores. Margarida passa a mão pelos cabelos quase negros do menino. O infinito é furta-cor, você sabe. Ele ri. Cada um pega num ponto da fita e os três mergulham nas curvas pintadas há anos de branco gelado, onde a luz que vinha das janelas lá no alto escorria em fios de sombra. Eles não viam o chão escuro. E se levantassem a cabeça não veriam o teto, tão altas eram as paredes.

Mas não olharam, entretidos na correria do corpo. E riam. E levantavam a fita e traçavam arabescos no ar. Uma porta se abre. Um homem entra.

Quem é você? Jorge? Querido, estava esperando por você! E Margarida abraça o homem alto e magro. E ele passa os braços à volta dela. Os corpos repousados um no outro. Juntos formam uma espécie de ser cavoucado de um buraco na terra, pálido, translúcido, quase sem densidade, as carnes, vincadas de tempo, fundidas. Ficaram assim esquecidos um no outro. Os cabelos dela explorando as ondulações do peito dele, os braços dele contornando a topografia do corpo dela. Um tremor no tempo e, com a mesma gratuidade, desfazem o abraço e pousam de volta no corredor circular.

Alguém pegou minha mesa, ele diz. Não está mais aqui. Como vou trabalhar? Não posso construir minhas paredes sem uma mesa. Os dois veem passar uma prateleira sinuosa de madeira que acompanhava a lateral esquerda da parede e se perdia na próxima curva. Ali, apoiada, deveria estar a mesa. Onde? Não sei, ele diz. Onde você estava? No lá-fora. Além da sala ladrilhada de azul e amarelo. Estou vindo de lá.

Havia essa faixa amarela brilhando no chão, Guida, que se estendia como uma escada bem à nossa frente. Tão alta que não conseguíamos ver onde terminava. Subimos. Eu e os outros. Mas, lá de cima, vimos as nuvens escuras esconderem o rosto de todas as coisas. Tive medo, Guida, eu! E quis voltar. Não chore, Jorge, não chore. Vamos nos sentar um pouco. É cansaço. Faz tanto tempo que estamos aqui! Quem trouxe você de volta? Tereza. A da voz redonda? Sim.

Jorge? Onde estamos? Eu estou com você. Mas não sei se ainda me chamo Jorge. Não faz mal. Eu reconheço você assim, sem nenhum nome.

―――――

Onde estão, Tereza? Lá, dentro da casa, Ruth. Dona Margarida brincava de correr com os bisnetos de Dona Dora, que vieram se despedir antes do lockdown. Seu Jorge estava no jardim, mas bateu um vento frio. Escureceu. Ele quis entrar.

83

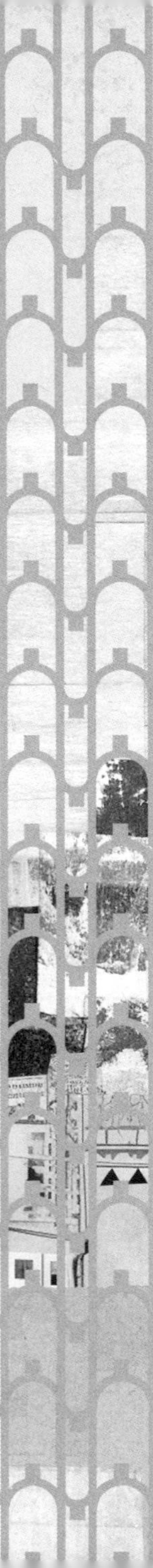

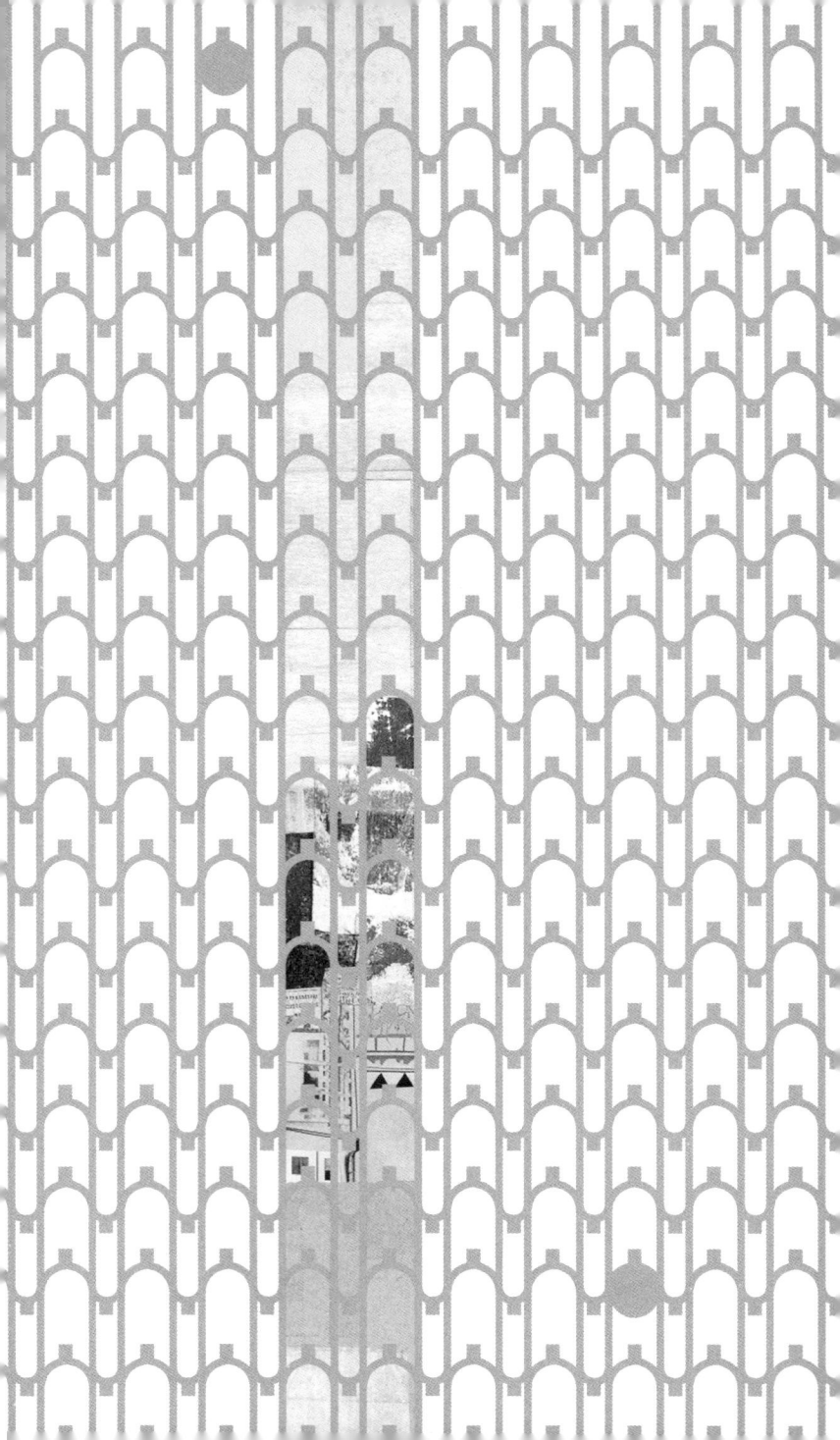

ruth
lockdown

— As viagens são uma ilusão, todos os lugares são aqui.
— É claustrofóbico.
— Sempre existem as frestas, ainda que adivinhadas.
— Conte uma história de cavernas.

Good afternoon.
In the past two weeks, the number of cases of Covid-19 outside China has increased 13-fold, and the number of affected countries has tripled. There

are now more than 118,000 cases in 114 countries, and 4,291 people have lost their lives. Thousands more are fighting for their lives in hospitals. In the days and weeks ahead, we expect to see the number of cases, the number of deaths, and the number of affected countries climb even higher.

WHO has been assessing this outbreak around the clock and we are deeply concerned both by the alarming levels of spread and severity, and by the alarming levels of inaction. We have therefore made the assessment that Covid-19 can be characterized as a pandemic."

Tedros Adhanom Ghebreyesus, diretor-geral da
Organização Mundial de Saúde, em 11 de março de 2020

Ruth não se recuperou do que tinha acontecido na padaria. Ninguém percebeu. Ninguém estava, de fato, prestando atenção. Aqueles eram tempos de perplexidades e de um medo novo.

A mãe e o pai confinados no residencial para idosos. O vírus era impiedoso com os velhos. O marido tinha ido para a Suíça, um congresso, estava preso, tentando voltar para casa por outras fronteiras. O filho mais velho há anos morava em Londres com a mulher e dois bebês, gêmeos. Tão lindos, um menino, Theo, e uma menina, Alethea. Os nomes eram estranhos, sim, mas esses jovens vão buscar inspiração lá longe, vá entender. É verdade. O filho mais novo vivia com

o companheiro na Austrália, trabalhava com TI.
Ambos, aliás. Fomos visitá-los no ano passado.
Moram numa casinha em Sydney, perto do mar.
Que bom que estão felizes! É verdade.

As mensagens apressadas atravessavam as
fronteiras e as portas subitamente fechadas:
mãe, você está bem? Estou, sim, não se
preocupem, cuidem de vocês, as coisas aí
estão mais difíceis do que aqui. E as crianças?
Assustadas, acho. Ou talvez sejamos só nós. Ah,
tadinhas. Logo vão poder sair. Sim. Que bom.
Verdade. Querida, estou tentando voltar. Talvez
por Portugal. Estão falando em Dubai. Não saia.
Não saiam. Fique em casa.

Fiquem em casa. Cuide-se. Cuidem-se. Sim. Sim.

Laura era a única olhando. As três, tão amigas.
Já tinham brigado muito ao longo da vida.
Nunca conseguiram se afastar. Algo havia que
as mantinha assim: sempre na vizinhança umas
das outras. Mas Laura também sofria a morte de
Luzia. Talvez muito. Talvez muito mais.

No instante em que Luzia começou a morrer,
caída na entrada da padaria, cercada de gritos,
choros, xícaras, copos e restos de pão e bolo,
o temporal de março despencou com tamanha
violência que empurrava o que estivesse na
frente, degraus abaixo, em direção à avenida.
O corpo lavado de sangue começou a flutuar,
branco e sereno, levado pela enxurrada. Aos
empurrões, Ruth atravessou correndo o salão e

jogou seu peso sobre a amiga. Ficaram ali, até a tragédia escurecer o dia.

Ruth entrou nessa cena e não conseguia sair.

Perdida nos cenários previsíveis do cotidiano, percorria às cegas a penumbra do apartamento, as janelas com as persianas deliberadamente fechadas para o sol não queimar móveis e estofados, caneca de café em punho, ouvindo a si mesma contar e recontar a história de como tinha insistido para Luzia encontrá-la nos instantes finais antes do lockdown, acreditava ver no escuro a amiga chegando com seu jeito de pode deixar que eu cuido, encontrava de novo seu olhar lá do fundo do salão, adivinhava o sorriso que mal chegou a se formar. Surpreendia-se que não se lembrasse de palavras nem de ruídos, nem mesmo de gritos de horror ou de espanto, apenas dos gestos mudos desenhando tragédias, os braços abertos no ar devassando a solidez sempre tranquila do corpo de Luzia, os trambolhões assustados de quem estava só tomando café e não iria morrer naquele dia, a trajetória da mão cheia de ódio da mulher. Decompunha cada movimento em frações menores e menores, distantes de sentido.

No percurso entre o sofá e a janela, a única luz vinha da TV que mostrava imagens de Paris esvaziada, Londres às moscas, italianos chorando nas janelas. O medo novo se espalhava. Ruth apertava os olhos.

Até que um dia perdeu o olfato. A xícara de café encheu o chão de cacos tão subitamente desodorizados que ela não vai lembrar se algum dia recolheu. Cheiros e aromas esvaziaram seu mundo. Assustou-se. Mordeu a maçã, há semanas enfeitando a fruteira. Vazia. Olhou duas vezes para certificar-se de que era maçã, não outra fruta qualquer. Cuspiu o pedaço insosso. Teve, enfim, vontade de chorar. As formas ocas de todas as coisas encheram o apartamento. E uma névoa, densa, acinzentada, cobriu estofados e cortinas e os móveis de belas linhas que ela passara a vida reunindo com meticulosa paixão.

Ruth sentou-se em frente à TV. Quieta. Na tela, as imagens barulhentas de Paris esvaziada, Londres às moscas, italianos chorando nas janelas.

— Ela dormiu?
— Não, está se equilibrando num fio tênue entre a vigília e o sono. Sempre apenas prestes a adormecer.

A luz do celular enfiou-se na penumbra. Era Laura. Você está aí? Está bem? Está tudo bem. E com você? Aqui estamos bem, mas cada centímetro do meu corpo dói. Haja vinho. Você lembra dela? Lembro. Me diga se está trabalhando. Estou, sim. No meio de um projeto grande. Não posso ficar falando, vou ter que desligar. OK, mas você está em casa? Sim. Se precisar de alguma coisa, vai me chamar? Claro. Não se preocupe. Beijos. Beijos.

Não queria Laura no seu escuro. Não queria suas perguntas, seu cuidado. Precisava comer. Mas não tinha fome. Tampouco sentia sede.

Fica quieta. Fica quieta.

Precisava entrar num banho. Escovar os dentes. Lavar o cabelo. A calcinha. Vietnã era o nome do poema da russa. São teus filhos? Sim.

Precisava levantar-se. Tomar os remédios. Passar aspirador na casa. Limpar os banheiros. Arrumar a cozinha. Jogar fora os restos de comida dentro da geladeira há dias. Tirar da fruteira o que estivesse estragado.

Estragado. Como poderia saber? E que diferença faria?

Precisava trocar a roupa de cama. Colocar a roupa suja na máquina. Lavar a louça do café. Regar as plantas. Limpar os banheiros. Esvaziar as lixeiras.

Não existe nojo sem olfato. Curioso. E não existe fome sem o doce, o amargo. Poderia comer papel e não faria diferença. Tudo parecia desabitado da sua vida de antes.

Fica quieta. Fica quieta.

Precisava levar o lixo para fora. Separar o reciclado. Guardar as verduras e frutas que haviam chegado da quitanda. Ver como funcionava o delivery do supermercado.

Como chamava aquele filme que assistiu com os filhos bem pequenos, do menino que cavalgava um cachorro e precisava correr para salvar o mundo do Nada? Não se apresse, menino, o mundo não quer ser salvo.

Precisava sentar-se e trabalhar.

Mas como doem as costas. E a pele. Doem como se gritassem.

Preciso comprar álcool em gel, máscara. Ligar para o cliente novo. Saber dos meus filhos. Fazer um vídeo contando histórias de mentiras para os netos. Interessar-se por Raul, em alguma fronteira, fechado.

Não era medo o que sentia. Ou era? Cansaço? Desânimo? Langor. *Les sanglots longs, des violons, de l'automne, blessent mon coeur d'une langueur monotone*. Dona Samira dizia que todos os poetas são músicos, sobretudo em francês. Por que se lembrar disso? Dona Samira estava morta há anos. E os franceses estão, como todos, com medo.

Precisava chamar Laura. Esses arrepios... devem ser de febre. Precisava pegar o termômetro.

Fica quieta. Fica quieta.

E ficou ali no sofá parado em frente da TV iluminada pelas imagens barulhentas de Paris esvaziada, Londres às moscas, italianos chorando nas janelas.

Foi-se encolhendo naquele estado entre o dormir e o acordar. Arrastava-se pelas paredes do apartamento. Comia comida podre, vomitava no chão, não sentia seus cheiros, seus gases. A memória, esvaziada de tudo que era trazido pelos sentidos, emprestava a forma das ladainhas. Quem é você?

Sou Ruth. Filha de Margarida e Jorge, arquiteta, casada com Raul, tenho dois filhos, Marcelo e Tom, minha nora é Mariana, mãe dos gêmeos, Theo e Alethea. Tenho uma amiga, Laura. Quem é você? Sou Ruth. Filha de Margarida e Jorge, arquiteta, casada com Raul, tenho dois filhos, Marcelo e Tom, minha nora é Mariana, mãe dos gêmeos, Theo e Alethea. Tenho uma amiga, Laura. Voltaremos às formas. Quem disse isso? Às formas, vazias, eternas, puras, indiferentes de nós. Quem é você? Não sei.

O corpo se movia apesar de si. Os movimentos, lentos, desavergonhados e sem razões. Entregue. Exausta.

Nos primeiros dias era automático, respondia às mensagens quando a luz do celular piscava no escuro. Não, não, claro, estou bem, muito trabalho, um projeto novo. Tenho que correr aqui. Sim, falamos logo, claro. Era mentira, ela sabia. Mas não tinha nenhuma verdade para oferecer.

A bateria acabou no final do terceiro dia. Estava só. As janelas fechadas.

Fica quieta. Fica quieta.

Três dias depois, quando Raul abriu a porta do apartamento, sentiu-se aspirado por uma lufada de nojo e de pavor. Que diabos era aq...

Largou a mala no chão. Reparou na TV ligada, as imagens barulhentas de Paris esvaziada, Londres às moscas, italianos chorando nas janelas. Escuro. Distinguiu Ruth nas sombras, fedendo a suor, a urina, a medo. Não sabia se estava acordada ou se dormia. Afastou as cortinas, escancarou as janelas. Entre ânsias de vômito, reconheceu a mulher. Teve uma pena tão imensa que não cabia num choro. Abraçou o corpo imundo. Ruth sentiu o cheiro de mato do homem. Abriu os olhos.

— **Nenhum dos dois vai lembrar desse momento. As cavernas guardam as memórias para si.**

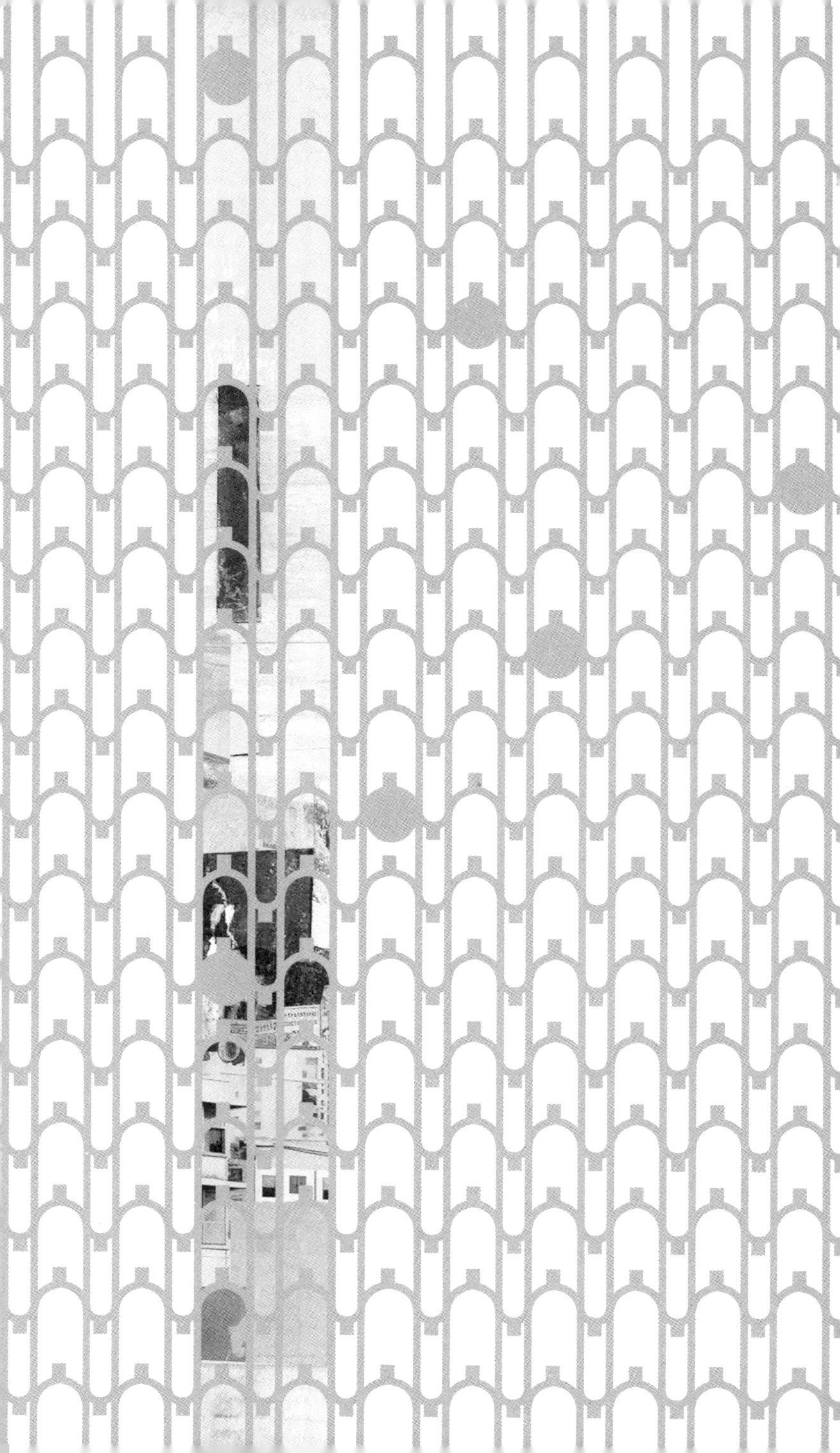

laura
paralaxe

— Consegue ver?
— O quê?
— As linhas da cidade.

Posso ir até aí? Falar com ele sempre fazia seu coração bater mais jovem. O quase clichê fez Laura sorrir. E há quanto tempo não achava razões para rir? Nem os netos gêmeos aprendendo a dizer vovó no Zoom, nem o marido tão atento de cuidados, na vida e no trabalho, nem o próprio trabalho.

Ser arquiteta era um destino da menina que riscava as folhas dos cadernos com linhas que viravam casas e castelos e torres, depois ângulos e superfícies, em danças cada vez mais intricadas sangrando nas páginas.

Tornar-se urbanista foi se render à paixão pelo professor da faculdade e pela cidade e suas formas. Seu mundo eram os volumes, os vazios, as frestas, os afastamentos.

Seu mundo. Quem teria imaginado? O mundo hoje era um panorama construído de medo e de saudade.

Que saudade de Luzia! Nenhuma outra pessoa sabia dela tanto quanto Luzia. Nem Ruth. Luzia era o colo que nunca teve. A mãe morrera no seu parto. Laura acostumou-se a pensar que a mãe vivia nas velhas fotos que a avó tirava com reverência da caixa forrada de papel colorido, uma vez por ano, perto do Natal. A única filha. A única neta. Nunca se quiseram bem. Culpavam-se uma à outra sem qualquer esforço para descobrir razões.

Linhas irremediavelmente partidas.

Foi do cuidado de Luzia, tão menina ainda, que Laura nasceu. Baldia. Descabelada e selvagem. Luzia tinha lambido sua casca. Embalado seu sono de bicho. Foi de Luzia que ganhou o caderno azul com uma teia de aranha reproduzida ao infinito na capa. Nunca cansou de desenhar aquela aranha que se aprisionava na própria teia. Suas garatujas, suas marcas.

Só muito mais tarde descobriria que a teia, na verdade, era uma cúpula geodésica.

Mas aí já tinha se apaixonado pelas linhas e pelos espaços que elas conseguiam criar. Luzia dizia: você desenha como quem pensa. A partir da ponta do lápis, Laura criou um lugar para si. E dedicou esse lugar a Luzia.

Não queria mais pensar nela. A cada dia sentia mais e mais apertadas as paredes à sua volta. Seu ponto de fuga era a grande janela da sala para onde mudou sua mesa de trabalho, lá pelo segundo mês da pandemia. Olhar pela janela tinha sido seu escape nos últimos meses.

Mas agora podia arriscar-se a olhar mais longe. A primeira vez que rompeu o átrio do prédio, surpreendeu-se de ver a cidade movendo-se como um polvo colossal, espreguiçando seu sono de meses nas ruas e avenidas. A balbúrdia estridente da paisagem da cidade havia sido substituída por um som surdo, denso, a criatura respirava. Foi caminhar com o cachorro, Jack, voltaram correndo, desacostumados do lá-fora, com medo do ser ciclópico que acordava.

Insistiram. No dia seguinte conseguiram ir mais longe. Nunca repetiam o caminho, ela e Jack. Caminhavam à deriva, descrevendo ziguezagues, culpa dele, curioso de cheiros novos, de consolar cães tristes atrás de portões

tristes, de casas tristes, que a mente de Laura
corrigia, redesenhava e posicionava com cuidado
novo e fresco no espaço.

> — Eu vejo as linhas, são todas iguais.
> — Não, algumas são mais livres do que outras.

A mulher avançava com um labrador igualzinho
a Jack na sua direção. Jack solto, sem coleira, o
outro cão firmemente preso, tenso. Você devia
prender seu cachorro na coleira, gritou a mulher
por trás da máscara.

Desculpe, você tem razão, mas ele anda
sozinho desde bebê e nunca incomodou
ninguém, é muito manso. Por que você não
experimenta soltar o seu? Porque tenho
medo. Assim mesmo, num gesto libertado
de pensamento, Laura aproximou-se da
mulher, pegou a guia, soltou da coleira. O cão
chacoalhou sua liberdade e virou-se para
Jack. Rodearam-se e cheiraram um ao outro
numa espécie de conversa incompreensível
e comovente. E seguiram assim: os quatro
tentando não se apertar nas calçadas
esburacadas. O cão trotando sua independência
ao sol, Jack mais compenetrado do que de
hábito, as duas mulheres atrás. A rua, a rua, ele
vai atravessar. A voz aflita da mulher. Não vai,

disse Laura. Jack parou. O cão parou ao lado. Ao sinal de Laura, atravessaram todos juntos.

Separaram-se numa esquina. Adeus, adeus. Nunca mais se veriam.

Chegaram em casa preenchidos da cidade, ela e Jack. Vamos fazer mais caminhadas longas, Jack, ela prometeu.

— **Por que se encontraram na história se nunca mais vão se ver?**

— **São assim as cidades, habitadas por presenças que traçam linhas invisíveis em espaços vazios. Todo tempo as linhas se cruzam. Mesmo que tornem a se afastar, ficou um entrelaçamento, um laço ou um nó. Os encontros nascem ali. E as tragédias...**

Mãe, por que você não vem pra praia conosco? Vai ser tão bom e vai nos fazer bem sair depois de tanto tempo. Tenho que trabalhar, difícil fazer home office na praia, aqui me concentro melhor, ela mentiu. A filha, a única que ainda morava com ela, acreditou. O marido não. Mas olhou para a mulher com o mesmo olhar que havia pousado sobre ela naquele dia, na primeira aula do curso de Desenho Urbano e Projeto dos Espaços da Cidade: a garota descabelada que rabiscava furiosamente malhas de estruturas geodésicas no caderno. Despediram-se com um beijo rápido, terno o dele, agradecido o dela. Encontro vocês daqui a 15 dias. Divirtam-se! Entraram no carro, pai e filha, alegres. Iam pra praia. Eles e Jack.

Laura silenciou na casa vazia. De certa forma, era um alívio. Mais de um ano.

Posso ir até aí? Estou esperando, ele disse, como se aquele mais de um ano não houvesse criado nenhum espaço entre eles.

Mal tocou a campainha, a porta abriu.

— As portas são fronteiras. Diante dos umbrais, todos os passos são um risco.
— Mas por quê?
— Alguns dirão que é amor...
— ...e outros?
— ...ela nunca vai se perdoar.

Laura vê-se refletida no olhar sorridente dele. Esperou muito? 487 dias, mais 15 de quarentena, me aprontando para te ver hoje. Um passo.

Desprende-se dos batentes, atravessa a soleira da porta. Agora é aqui. Ele tira sua máscara com gestos apressados, tensos, e ela se sente nua. Abraça seu corpo como faz desde o primeiro dia em que se tornaram amantes, há 25

anos. Força sua presença na dela, encostando-a
contra a parede.

Percorre as curvas da sua boca, do seu
pescoço, o lobo da orelha. Gosta do jeito
como ele beija, gosta da dança delicada,
mas exigente, da língua dele. Essa urgência
a excita. E ela se despe do lá-fora. Perde-se
na superfície dele. Se alguém perguntasse
do que havia sentido mais falta durante todo
esse tempo, ela diria sem pensar: daquilo,
daquela primeira, quente e líquida sensação
de abandono. Seus contornos, tão ciosamente
imaginados e construídos, entregues, rendidos,
tudo dela imerso nele. Quando se despejam na
cama permanentemente desarrumada, já não
são eles, diluídos na maré que parece escorrer
pelas frestas da grande janela e banhar a
cidade feito uma música.

Ficam abraçados e dissolvidos um no outro
muito tempo ainda. Quando mudou para esse
apartamento, bem mais perto da casa dela,
ele tinha decidido que o lugar da cama era na
varanda, na frente do grande pano de vidro
desavergonhado, que se abria para a cidade de
ruas quase vazias e janelas escancaradas. Ela ria.
Dizia que ele não entendia nada de decoração,
muito menos de privacidade. Ele beijava seus
mamilos e redefinia suas formas com a mão
leve. Como ela sentia falta daquela cama na
paralaxe da cidade!

— O que é paralaxe?
— Uma ilusão.

O sol já se espremia entre as empenas dos edifícios quando Laura abre os olhos. O celular toca.

Mãe, papai está passando mal desde o dia que chegamos, o médico mandou fazer o PCR. Fizemos aqui no posto mesmo. Ele está com Covid. Estamos voltando agora para São Paulo, vamos direto para o hospital.

Laura vira o rosto para colocar o corpo tão nu do homem deitado na cama dentro do seu campo de visão. É tarde na janela ainda inundada de sol.

●

103

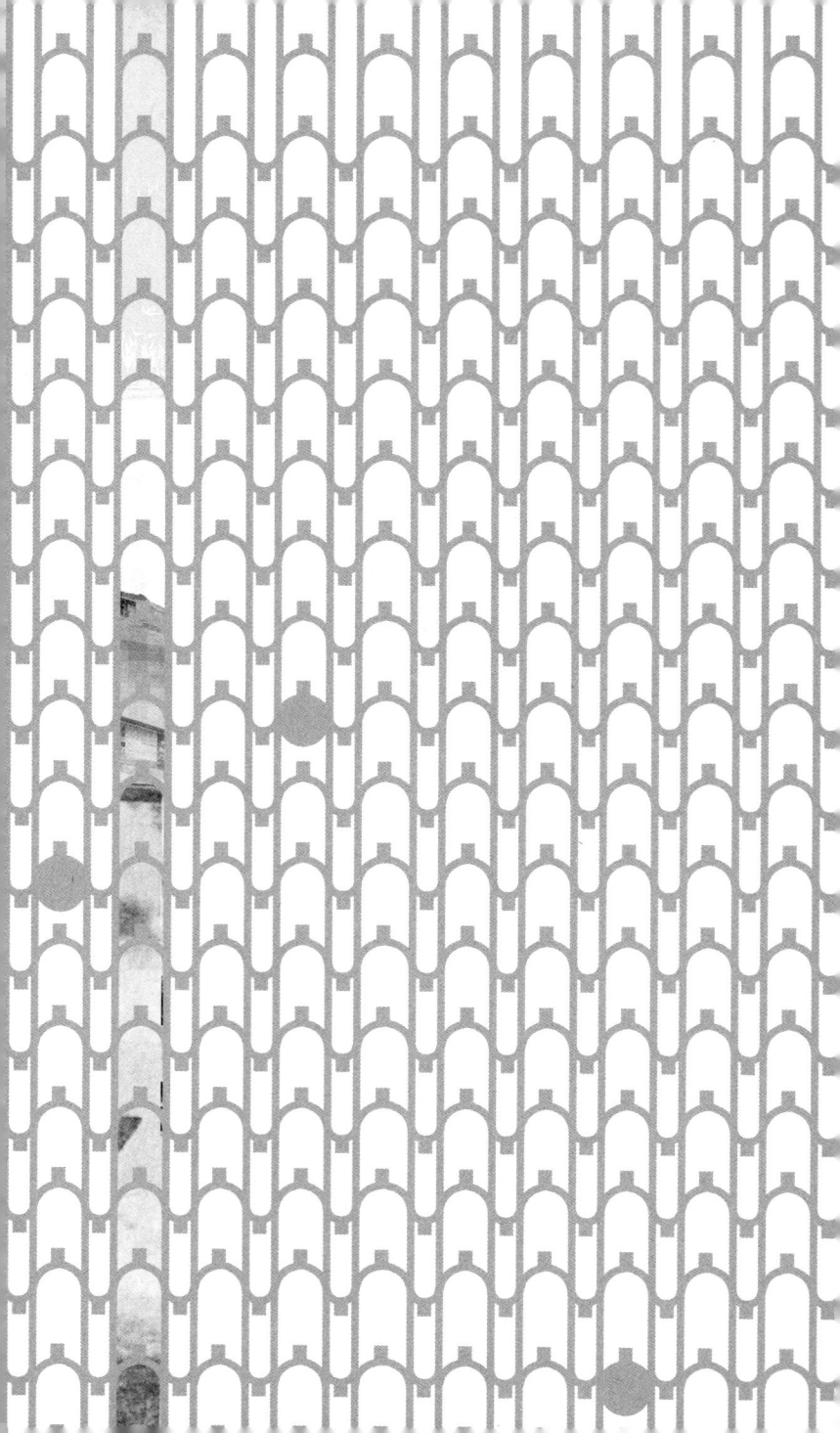

marilena
pedaços

— Do que ela foge?
— Do seu corpo, preso no espelho.

Assim que deixou a mulher na esquina e atravessou a rua, Marilena, esvaziada de coragem, abaixou-se, para colocar a guia de volta no pescoço dourado e macio de Layla.

Mas, no instante em que seus olhos se encontraram, percebeu que apenas o prédio revestido de pastilhas azuis bem atrás dela estava refletido na retina do cão. Ela, ela mesma, não estava lá. Ergueu o rosto. Atrás da cabeça de Layla, a vitrine do café enxergava o edifício através das formas esfiapadas e cheias de buracos de um ectoplasma rosado, translúcido de horror. Vomitou ali mesmo, na calçada. Passou as costas da mão na boca, levantou-se. Na manhã de sol, tudo ao redor era reflexo. Começou a andar, devagar primeiro, depois mais e mais rápido. Queria colocar distâncias entre si e todas as suas cópias espelhadas. Layla, a guia largada, arrastando no chão, ia junto.

    Até pensou em ligar, pedir ajuda, mas para quem? O marido não estava em casa, tinha ido correr, depois, vai saber, devia estar se arriscando na cama com alguma vadia. Mas, também, dizer o quê? Sumi, perdi meu corpo, vem me buscar. Tomás, talvez, mas a filha da puta da nora ia dizer: sua mãe, que louca, largar o próprio corpo em algum lugar e não saber onde? Bem típico dela, aposto que é pretexto para você ir vê-la. As amigas, sim, podia mandar uma mensagem, mas o que elas diriam quando olhassem para esse horror leitoso e esburacado, que substituía o corpo super em forma para sua idade, que era seu, conquistado com resolutas horas de academia, exercícios, alface, injeções de semaglutida, liraglutida, suplementos coloridos de quito, psyllium, picolinato de cromo, sibutramina, orlistat, cloridrato de lorcaserina, fentermina, naltrexona, bupropiona, glucomanano, fluoxetina, sertralina, anfetaminas, quitosana, goji berries, spirulina, água de berinjela, água de gengibre, água de limão, chá diurético de alcachofra, cavalinha, sabugueiro, louro, anis, chá de hibisco... não, não podia chamar as amigas e arriscar-se. E se afinal a enxergassem da mesma forma como o espelho a via? O que aconteceu com você, perguntariam, sem querer respostas, ou, naquele tom acusatório familiar, alguma coisa você fez de errado, aposto, enquanto, em algum lugar lá dentro, encontrariam razões manchadas de remorso na visão monstruosa: essa Marilena, sempre achei que era muita lindeza para uma pessoa só, agora, olha o que deu...

 Esquecida de Layla, que trotava ao seu lado, Marilena seguia, cega. Perdeu-se no caminho e chegou ao começo da sua adolescência. Na frente do espelho, vestido novo azul-celeste, sapato ortopédico, pesadão, a mãe sempre linda de salto alto, o nariz. Que boa notícia! Daqui a três anos você já vai poder consertar esse seu nariz. Como suas orelhas, lembra? Eram imensas e, agora, perfeitas. O bebê mais lindo da maternidade, todo mundo morria de inveja de mim, minha princesinha...

 Quando certa manhã os pés desapareceram, obrigando-a a calçar os sapatos ortopédicos que apenas imaginavam as formas antigas, não se importou, eram mesmo horríveis os seus pés.

Mas quando perdeu as orelhas... Lembrava bem, no dia do baile de debutante. Quase morreu de aflição ao olhar no espelho e descobrir-se sem elas. A festa para começar, o vestido branco, todo bordado, cabelo e maquiagem perfeitos, como parecia mulher, crescida, pronta, a mãe tinha liberado os sapatos ortopédicos naquele dia e os mais lindos escarpins de salto alto envolviam os pés que lhe faltavam. Puxou duas mechas de cabelo para cima do lugar onde costumavam estar suas orelhas. Quem sabe ninguém reparava? E ninguém reparou ou, se repararam, tiveram pena e não falaram nada. Nem o moço, filho de amigos da família, formalmente convidado para dançar a valsa, disse nada.

— Naquele dia convenceu-se de que todos à sua volta seriam sempre belos e completos. E, embora não conseguisse nem formular isso, sentiu-se imensamente só. O espelho era sua única interlocução.
— E o que ela via no espelho?
— Via a si mesma, em pedaços...
— Os espelhos são cegos.

Alguns anos depois foi o nariz. Fez a cirurgia, achou que tinha resolvido. Colocaram um nariz novinho nela. Correu para o espelho, curiosa, ainda que um pouco tensa. Nada. Apenas o espaço cavo do nariz. Nem o velho, muito menos o novo. Controlou o asco. Não teve coragem de falar com ninguém. Surpreendeu-se, aliviada, ao perceber que todos fingiam ver seu nariz recém-moldado e diziam, para alegrá-la decerto, que o resultado da cirurgia era perfeito.

Um dia não conseguiu enxergar suas sobrancelhas. Por mais que tentasse, mesmo virando o rosto para cima, para baixo, um pouco de lado, mais perto, cadê o espelho de aumento? Nada. Não estavam lá.

Não sentia a dor. Havia aprendido a não chorar. Na nossa família, dizia a avó, mulheres não choram. E ela achou fácil não chorar. Guardou seu segredo, confiou que ninguém ia falar dos seus pedaços desaparecidos, talvez por serem todos pessoas muito educadas, talvez por sentirem pena dela, talvez porque ela se escondesse tão bem. Acostumou-se. Apenas o espelho sabia da verdade. Todos os dias, enfrentava a sensação dolorosa do primeiro olhar e se via nua. Sim, faltavam partes inteiras de si.

No casamento com o moço, filho dos amigos da família, a mãe lhe deu de presente a cirurgia de aumento dos seios. Foi providencial, ela pensou, porque assim ninguém perceberia que, no lugar dos seios, dois buracos faziam todas as blusas parecerem com defeito. Não dava para usar um vestido de noiva assim...

minha princesinha tem que ser a noiva
mais deslumbrante, dizia a mãe, afobada de
preparativos. Ela fez o possível, não, de jeito
nenhum decepcionar a mãe, mas já lhe faltavam
tantos pedaços...

    A boca sumiu depois que seu filho único
nasceu. Desde então, toda vez que precisava
sorrir, tinha que tomar cuidado. Era um esgar sem
jeito, e obrigava-a a virar a cabeça num ângulo de
fuga, como se estivesse sempre se despedindo.

    Deduziu que perderia todo o seu corpo um dia.
Mas, nas conversas com o espelho, evitava esse
assunto. Dedicava-se obsessivamente a preservar
aquilo que ainda tinha. Aquela vergonha era sua,
compartilhada com as superfícies polidas que
revestiam as paredes, preenchiam janelas, portas,
escancaravam vazios. Ninguém mais parecia
sequer desconfiar e, de alguma forma, guardar
aquele segredo nojento e terrível fazia com que se
sentisse poderosa.

    Gostava de odiar as mulheres, todas mais
inteiras do que ela. Gostava de flertar com os
homens e se divertir com o fato de que eles nunca
pareciam se dar conta do ser asqueroso que
levavam para cama. Me arranha, ela pedia. Morde.
Faz doer. Faz.

    A velhice fez redobrar sua atenção. Toda
semana na dermato, todos os dias academia,
o cirurgião, sempre a postos. E não se passava
nem uma semana sem que algum pedaço

desaparecesse do espelho, o que exigia um
esforço cada vez maior de caprichar nos retoques,
nos corretivos. Amarelo para as áreas arroxeadas,
laranja para as azuis. Finalize usando base, no
tom da sua pele, espalhando com os dedos, em
leves batidinhas.

Mas agora, agora, não queria voltar pra casa,
olhar no espelho, enxergar através das formas
leitosas, medonhas, as prateleiras impecavelmente
arrumadas do closet.

Marilena quase corria, Layla ao seu lado,
tentava acompanhar o passo.

— Todos os cachorros têm olhos tristes?
— Os que veem, sim.

...será que ela esqueceu que eu não sou mais
um filhote? vivem me dando pílulas escondidas
na ração e eu finjo que não vejo, mas sei que é
para o meu coração não parar de bater. 14 anos
é muito tempo, sou mais velha do que ela. não
temos um relacionamento como deveríamos,
prefiro ele. mas tenho pena dela. não gosto
quando fica horas olhando ausente para aquele
espelho cego. tento chamar, vamos caminhar?
mostro a guia, abano o rabo. em geral, funciona.
ela passa, distraída, a mão vazia na minha
cabeça e vem. tão desajeitada. faltam já muitas

partes no seu corpo. quando vim morar com eles, percebi. foi ele que me deu de presente para ela. a cachorrinha mais linda do mundo, vai alegrar você! disse. seu coração batia forte, rápido, quando me pegou no colo. lambi o buraco onde deveria haver uma orelha. sorriu, agradecida. desde então, cuido do que vai sobrando dela.

Exausta, Marilena, caminha ainda. A rua sobe e sobe, e ela avança seus trapos sem direção. Tanto sol, tanta luz. Mas ela já não vê.

Tereza desceu do Uber. Estava cor-de-rosa de tão feliz. Finalmente de folga, finalmente sair de casa sem se sentir um perigo para os outros, e ela pretendia aproveitar esse tempo, quem sabe até se aventurar em alguma loja e comprar umas coisinhas para os netos. Tantos meses na linha de frente, sem poder ver a família. Mas domingo iam se reunir em casa. Domingo. Faltava pouco!

Bateu a porta do carro, virou-se e enxergou a mulher caída no chão, de lado, os braços cobrindo o rosto, as pernas encolhidas. Ao seu lado, um desses cães grandes, dourados, de olhos tristonhos, a guia, displicente, pendurada, lambia com infinita delicadeza seu rosto, seu pescoço, suas mãos. Tereza abaixou-se e afagou a cabeça do cão para afastá-lo.

Debruçou, tomou o pulso da mulher, abriu suas pálpebras, examinou as pupilas, recolocou a máscara no lugar, deu um suspiro. Que pena, uma mulher tão linda! Achou o celular numa bolsinha, ligou para o número deixado na tela de emergência.

Bom dia, meu nome é Tereza Soares, sou enfermeira, estou com uma mulher inconsciente aqui na esquina da Avenida Angélica com a Paulista. Não apresenta lesões visíveis, mas parece em estado de choque. Deve ter uns 70 anos, magra, pele bronzeada, cabelos castanhos com mechas claras, cortados na altura dos ombros. Tem um labrador ao lado dela. Seu número apareceu na tela de emergência.

Estou aqui perto, respondeu o homem do outro lado. Chego em 5 minutos.

tereza
janela

— Está tudo quieto.
— É assim entre o fim e o começo.
Ela está se despedindo.
— A mulher cor-de-rosa?
— Não, a outra, de olhos azuis.
— Conte dela, da que salta do carro,
cor-de-rosa de alegria.

Tereza na calçada, segurando o corpo desacordado da mulher bela e vazia. O cão ao lado, os grandes olhos úmidos. O homem chega, tenso, bombeiros, ambulância. Tereza se afasta para deixar a vida acontecer.

Mas resiste a ir embora. Décadas como enfermeira e ela sabia bem como os instantes costumam explodir em alegrias e em tragédias.

Tereza agachada na calçada é uma mulher comum, corriqueira, trivial, nenhuma marca, nenhum atributo que valha a pena mencionar. Poderiam dizer, é mediana, mas seria um não dizer nada, que essa medida não existe nem passa em lugar algum.

Tereza é uma mulher comum. Sim. A não ser pelo fato de que nasceu sorrindo. Uma estranheza, sem dúvida. Seguindo o protocolo dos nascimentos naqueles tempos, o médico tentou fazê-la chorar, em vão. O bebê insistia em manter aquela expressão que só poderia ser descrita como beatífica, ainda mais constrangedora porque parecia que ela, aquela criaturinha apenas recém-chegada, guardava algum segredo que, caso fosse compartilhado, tornaria cada um na sala de parto, incluindo sua mãe exausta e alheia a estranhezas de toda sorte, cúmplices daquele sorriso.

A mãe carregou o bebê para casa. E começaram uma vida juntas. Foi curta. Tereza ficou órfã na última gota de leite do peito farto. Um aneurisma rompeu o vínculo ainda tão mal traçado. Encontraram mãe e filha, uma morta naquele sorriso que só as mulheres que amamentam carregam, a outra acariciando com as mãozinhas o rosto caído sobre o peito.

A avó e as tias cuidaram dela. Eram várias na casa grande e devassada, aberta para a rua. O pai saía cedo, voltava à noitinha, ligava o rádio e rodopiava pela sala com a filha nos pés ao som dos sambas, boleros e foxtrotes que ocupavam a hora antes do jornal. *Unforgettable, that's what you are/Unforgettable, though near or far*

Um dia voltaria a se casar, teria outros filhos. Deixaria Tereza crescer entre as vozes femininas que habitavam a casa da avó. A nova família colocaria entre ele e a menina uma distância impossível. Tereza e seu pai nunca mais vão se encontrar. Ele vai morrer já velho. A última coisa de que vai lembrar é da música que saía da caixa do rádio e daquela filha pequena e sorridente dançando em seus pés.

Do pai distante, Tereza guardou o pulso da dança; da mãe, uma estranha intimidade com os corpos humanos. As tias diziam: foi do leite, desceu cheio de morte.

Decidiu estudar enfermagem, mas não havia nada que já não soubesse. Os professores se espantavam. A garota não se surpreendia, não se assustava, não sentia asco, nem desgosto, nem repulsa, nem medo. Lidava com agulhas e objetos perfurantes com mão firme, não lhe repugnavam os odores degradados, as quentes e úmidas secreções, as feridas fundas que evacuavam entranhas. Os colegas sentiam uma inveja suja de repugnância, mas aí Tereza sorria, lelé da cuca, diziam por trás.

Quando seu corpo não estava atento aos corpos de uns e outros, Tereza dançava. Não tinha baile em clubes de família a que não fosse, não tinha ritmo que não a convidasse para dançar. Conheceu Miguel num desses bailes. Gostou do bigode, do sorriso e do porte desajeitado no terno cinza, e deixou o vestido branco, rodado, se aninhar nos movimentos ritmados dele. Desde essa primeira vez, a dança seria o pouso dos dois.

Casaram-se, tiveram dois filhos. Um menino e uma menina acostumados a excentricidades. Tereza tinha condicionado o casamento ao marido jamais pedir para que ela largasse o trabalho. E que tampouco esperasse qualquer forma de submissão. Faço o que quero, dizia, deixando o sorriso suavizar a força do seu desejo. A sogra estranhou, advertiu o filho sobre essas mulheres que querem ser como homens. Ele não ligou. Nunca se arrependeu. Tereza mudou-se para a vida imóvel e previsível que ele levava trazendo aquela dança que a habitava, encheu a casa de ritmo, abriu as janelas para que o vento trouxesse melodias novas, ensinou o homem a mover-se com doçuras inexploradas. Ali, as crianças floresciam selvagens, a disciplina do corpo mal e mal equilibrada na rebeldia da alma.

— Existiram mulheres assim?
— Uma época estranha aquela. Era sempre de manhã e as mulheres espreguiçavam de sonhos que nem sempre conseguiriam realizar. Tudo eram janelas.

Os filhos diziam: mãe, por que você nunca está em casa como todas as mães? Nunca é um tempo que não existe e todas é gente demais, ela respondia, brincando, e mergulhava a mão na cabeleira crespa e negra dos pequenos, fazendo-os sacudirem-se de riso. Lá fora as pessoas sofrem e precisam de mim.

Miguel dizia: mulher, você não sossega! Ela amassava seu corpo no dele. Vou ter a eternidade toda para sossegar; e ria, porque não acreditava em eternidades.

As crianças cresceram. Aprontaram-se. Saíram da casa. Miguel envelheceu, alto, magro e curvado. Em algum momento, o filho largou o emprego e veio tocar a oficina mecânica junto com o pai. Miguel se orgulhava de entender as máquinas desde menino, sua oficina crescia, mas, nos últimos tempos, os carros já não falavam mais com ele como antes. O filho, estudado, cheio de planos, ideias, foi bem-vindo. Davam-se bem, os dois. A menina, já mãe de adolescentes, psicóloga, consultório montado, preocupava-se: pai, fala com a mamãe, ela tem que parar, se proteger. Ele ouvia e encerrava a conversa: sua mãe não vai parar. Mas agora podemos nos reunir de novo, quem sabe no domingo vocês vêm todos aqui? Eu cozinho.

As pessoas diziam, marido amoroso, filhos tão bons, a vida de Tereza é fácil. Não sabiam.

Quando o rame-rame do dia descansava e o sono vinha apascentar a cidade, Tereza abria a porta da noite, deixava que a mulher velha e imensa entrasse e se acomodasse com um resmungo de quem veio de longe para um chazinho de hortelã na mesa da cozinha, sempre vestida de toalha xadrez. As visitas tinham começado logo depois da menopausa. E, bem do seu jeito, Tereza abriu a porta daquele instante e não fez perguntas. Não era religiosa. A arrogância divina sempre arranhara sua pele. Mas gostava das visitas da velha senhora. Tinham em comum a pele escura.

— Quem é essa Velha?
— Ela vem quando é invocada. Antes dizia-se que tudo estava impregnado dela.
— E hoje?
— Hoje eles olham para cima em vez de olhar ao redor.

Adoro essa Nossa Senhora morena, vestida de azul, elétrica, contemporânea.

Que esmaga a serpente com os pés e descansa na Lua Crescente. Sua fúria é bendita; o colo, imenso.

*É do seu ventre que nascemos e nele
frutificamos nossa humanidade.*
*Ela ondula cheia de graça no eterno nascer de
todas as coisas, velha e prenhe.*
Se alegra com nosso riso.
*E chora conosco, agora e na hora
da nossa morte.*

A cada noite, Tereza e a Velha passam mais horas juntas. Uma conversa mansa, de aflições e singelezas, amor para Eugênia, doçura para Inês, saúde para Ruth. Um rosário de dores fiadas, o velho, tão só desde que a filha foi morta numa padaria, e a pobre que se culpa pela morte do amante. Tereza no fogão prepara unguentos, xaropes, poções, alívios, esse para a tosse que não passa do seu José da padaria, o embrulhinho de sal grosso para o Netinho, que ainda faz xixi na cama, o chá de muitas ervas para o cansaço do dr. Raul. A Velha na mesa remexe a colher na xícara de chá e rumoreja palavras antigas. Mandingas e encantos esvoaçam pela cozinha. As duas mulheres então sentam-se uma de frente para a outra fazendo bolinhas minúsculas com os farelos de broa que o seu José sempre mandava: é o mínimo, dona Tereza, é o mínimo. Enchem sacolas de alegrias miúdas, que seriam distribuídas na manhã seguinte aqui e ali, inventam rezas, mesmo sabendo que, para a maior parte dos males, elas não teriam qualquer serventia. Fabulam sonhos, sussurram inspirações e cobrem casas e cantos com seu cuidado despercebido, modesto e precioso.

Quando no fundo do céu a fresta do dia risca a noite, Tereza vai deitar-se exausta. Nua, abraça Miguel e deixa o calor dele vesti-la. Ele a ocupa sem pressa. Amam-se assim, sonâmbulos, e largados um no outro esperam a claridade encher a janela.

123

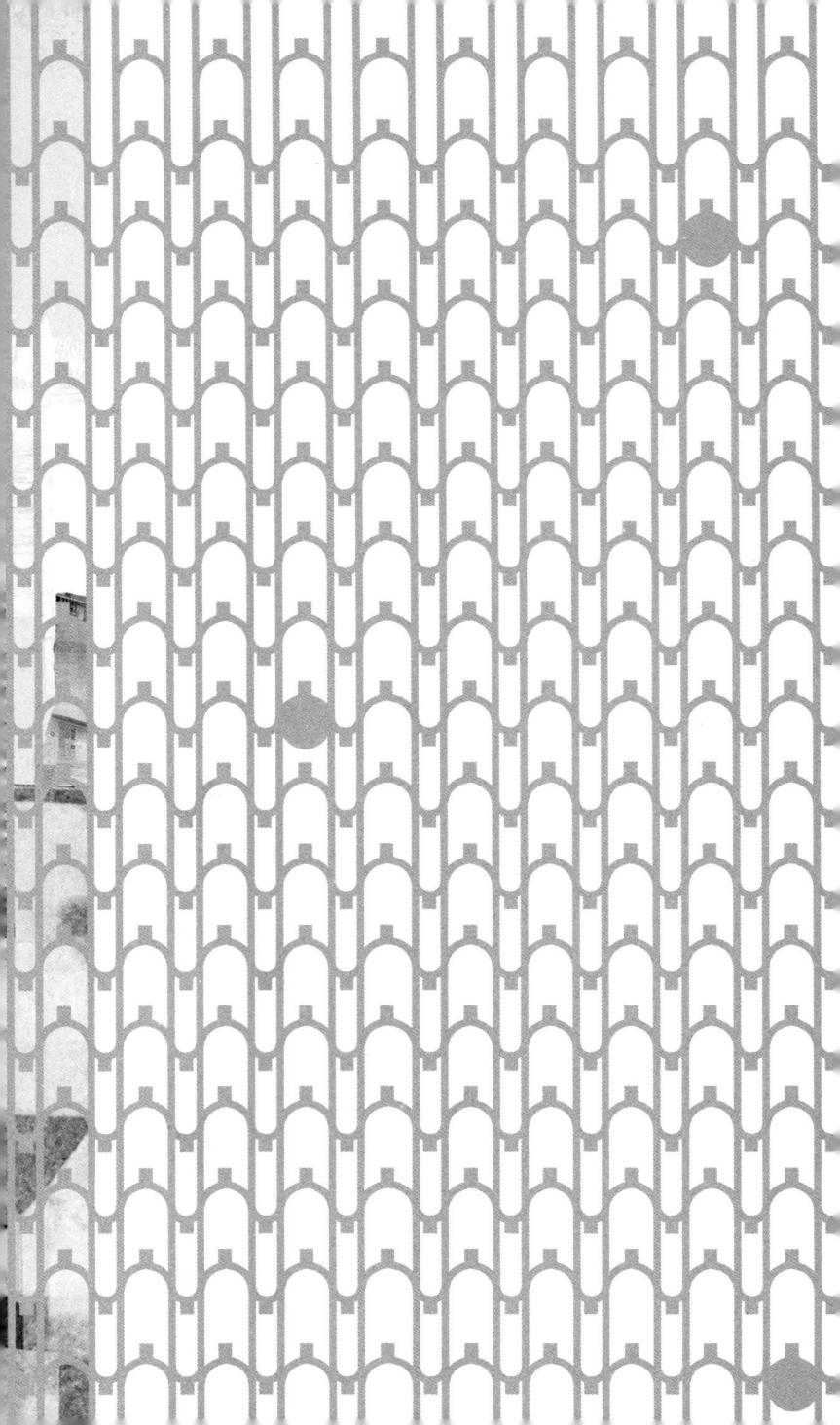

li**3**.ares

Quando no fundo do céu a fresta do dia
risca a noite, Tereza vai deitar-se exausta. Nua,
abraça Miguel e deixa o calor dele vesti-la. Ele a
ocupa sem pressa. Amam-se assim, sonâmbulos,
e largados um no outro esperam a claridade
encher a janela.

Cida espreguiçou, leu o último parágrafo. Essas
velhas tinham lhe feito companhia durante os
asfixiantes anos da pandemia e agora precisava
fazer um esforço para deixá-las ir embora. Ao longo

desse tempo todo, elas apenas chegavam, solenes, ocupavam seu lugar, como se soubessem. Ela escrevia, escrevia e, devagar, se preenchia delas. Às vezes imaginava que viviam em algum lugar, do outro lado da tela, e que se contavam a si mesmas. Ouvia suas vozes, acostumara-se a prestar atenção aos sussurros imperiosos que anunciavam sua presença. Ali, debruçada na janela do seu apartamento, caneca de café recém-feito na mão, via a cidade acordar e sentia que existiriam outras… e outras…e outras, esperando que alguém, uma mulher, sentasse sua solidão diante de um laptop e as convidasse a entrar.

— Ela nos ouve?

— Não com os ouvidos, você sabe. É nas pausas, nos intervalos, nos espaços vazios que ela nos percebe. Nós habitamos os sussurros, estamos ali nas lufadas súbitas de vento, no lusco-fusco, num átimo entre o dormir e o acordar, no tanger apenas adivinhado da teia.

— As histórias acabaram?

**— Só as histórias existem,
contadas e recontadas desde
o primeiro acontecer,**

umas dentro das outras,

                              dentro das outras,

dentro das outras,

sempre as mesmas,

                                              sempre únicas.

livro impresso
　　em junho de 2023

　　　　　　　　　pela Edições Loyola

tipografias:
　　freight text
e averta

　　　papéis: Off-set 90g (miolo)
　　　e Cartão Supremo 250g (capa)